-minu's Sonntagsrezepte

Titelbild: Aufnahme aus «Das Butter-Buch»,
erhältlich bei ZVSM, Werbeabteilung, 3000 Bern 6

© 1985 Buchverlag Basler Zeitung
Druck: Basler Zeitung, 4002 Basel
Printed in Switzerland
ISBN 3 85815 125 4

-minu's Sonntagsrezepte

Red Cobbler (Titelbild)

Pro Person

6 Esslöffel feines Eis
3 Esslöffel Grenadinesirup
1 Gläschen Kirsch
Saft von einer halben Zitrone
eine halbe Scheibe Ananas
ein halber Pfirsich
2–3 Cocktailkirschen

Das feine Eis (Eiswürfel in ein sauberes, festes Tuch einwickeln und mit einem Holzhammer oder mit einem Wallholz kleinschlagen) in ein Glas geben. Grenadinesirup, Kirsch und Zitronensaft dazugiessen und mit den Früchten garnieren. Mit einem Trinkhalm servieren.

Meine Eltern haben die Rahmschnitzel-Nüdeli-Sonntage gepflegt. Das Menu war klassisch klar: Spargelcrème-Suppe, Rahmschnitzel (mit Büchsenchampignons und Weisswein-Sauce), Nüdeli (die extra-feinen). Und natürlich: Erbs-mit-Rüebli (in frühsten Jahren «mittel» – als die Mittel dann da waren «fein»).
Zum Dessert gab's «brennti Crème» – vornehmer: crème brûlée. Von meinem Vater auch «la Crème tout-de-suite» genannt. Weil er die Wirkung spätestens nach zwei Stunden spürte. Und einmal gar einen Tramwagen auf offener Strecke stehen lassen musste, weil ihn die Crème so heftig überraschte. Pardon – aber auch das sind Sonntagsessen-Erinnerungen...
Die Rahmschnitzel-Alternative hiess «Poulet». Das Ganze war Mutters Spezialität. Und zu jener Zeit kosteten die frischen Hühner noch ein Vermögen.
Ich weiss noch genau, wie ich am Sonntag morgen nach der Kirche immer in die Küche eilte, um Mutter beim Poulet-Braten zuzuschauen. Irgendwie hatte es etwas Friedliches, wenn sie dem gelblichen Huhn den Kopf abhackte und sich dabei stets fein auf die Zunge biss.
«Wenn du wüsstest, an wen ich jetzt gedacht habe...», grinste sie. Und ich malte mir aus, wem Mutter wohl in Gedanken den Kopf abgehauen hatte...
Mutter bratete das Poulet im Düpfi. Und sie verbrauchte dazu gut 200 Gramm Butter.
Meine Tante rümpfte die Nase: «Mit Rahm und Butter kann jeder kochen...» Auch dieser Spruch ist mir in Erinnerung geblieben. Denn für viele Gourmets sind meine Rezepte zu mastig. Sie meckern wie einst Tante Gertrude: «So kann jeder gut kochen...»
Stimmt. Doch Fett (und eben Butter wie Rahm) sind die besten Geschmacksträger. Weshalb also sollten wir auf sie verzichten – lieber einmal gut essen. Und dann wieder drei Tage lang magern. Aber die Joghurt-Philosophie ist eben nicht meine Tonart...
Das Poulet (um zum Thema zurückzufliegen) wurde mit einer Geflügelschere sorgfältig in die einzelnen Stücke zerlegt: Vater und Mutter teilten sich Stötzli und Flügeli – wir Kinder bekamen die Brust ab. Dazu (natürlich) Erbs-mit-Rüebli. Und Nüdeli. Alles wie gehabt.
Das Alternativ-Dessert war die Schwarzwäldertorte meiner Tante Gertrude. Ich werde nie vergessen, wie sie dunkle Schokolade auf der Röschtiraffel raffelte und uns ganz zum Schluss stets das letzte Stücklein in den Mund schob...

Mit der Zeit haben sich die Essgewohnheiten geändert. Wir durchlebten, durchschlemmten, durchkochten die Froschschenkel-Phase (heute auf meiner Menu-Liste aus tierfreundlichen Gründen gestrichen). Wir kauften uns das Schnecken-Pfännchen, wie alle andern auch. Und wir erlebten das sensationelle Gefühl der ersten Fondue Bourgignonne (Saucen aus dem Töpfchen!). Als ich von zu Hause abnabelte, lud ich zur ersten «Party» ein (ein Wort, das heute auch im Kochdampf untergegangen ist): es gab Schwarzbrot. Und Fleischkäse. Zu mehr reichte es nicht. Mit der Zeit habe ich die Gewürze entdeckt. Und meine erste Würfel-Bouillon mit einem halben Gläschen Rosmarin-Nadeln angereichert. Christoph, mein Freund, der mit der Suppe überrascht werden sollte, war es dann auch: «Bitte ein Teesieb!», keuchte er, nachdem ihm die ersten Nadeln im Hals stecken geblieben waren.
Daraufhin habe ich nie mehr mit Trockengewürzen gekocht.
Es kam die Zeit des Sauerampfer-Süppchens (das ich auch heute noch geniesse), des Steinbutts und Lamms. Wienerschnitzel wurden zur kulinarischen Todsünde erklärt. Und wer zu Hause keinen eigenen Basilikum-Garten zeigen konnte, war sowieso ein Banause. Natürlich haben wir alles mitgemacht. Und mitgelacht. Bis wir merkten: die eigentliche Würze, das wundervollste Kraut der Küche heisst Fantasie. Jemand hat einmal zu mir gesagt: «Sie kochen nicht gut – aber Sie kochen mit Fantasie. Dann schluckt man alles leichter...»
Ich habe auch geschluckt. Und den bissigen Bissen verdaut.
Ich weiss, dass meine Küche zu fett, zu ausgefallen, zu fantasietosend ist. Die Mengen sind nicht über jeden Zweifel erhaben. Und nie werde ich mein Grättimänner-Rezept am Fernsehen vergessen, als ich die Hefe vergass. Und aus Grättimännern die Flachmännlein geworden sind.
Dennoch – ich glaube, dass diejenigen, die sich fürs Kochen interessieren, die gerne gut essen und nicht einfach nur die Tabelle der «nouvelle cuisine» durch die Pfannen ziehen, an diesen Sonntagsrezepten Spass haben werden.
In diesem Sinne: bon appétit.

-minu, im Juni 1985

Les Œufs «Roswitha»
Hackfleischkuchen «Elsässer Art»
Soufflé de mandarines

Les Œufs «Roswitha»

4 Eier, Essigwasser, Weissbrot, Schinkenwürfeli, halbe feingehackte Zwiebel, Rotwein, Butter, Bratensauce

Weissbrot in vier Scheiben und aus weitern zwei Scheiben Würfeli schneiden. Essigwasser erhitzen und beim Siedepunkt vier Eier sorgfältig hineingeben. Nach drei Minuten mit der Siebkelle herausnehmen und auf die warmen Toastbrote anrichten. In der Zwischenzeit haben wir die Brotwürfeli in heisser Butter gewendet. In einem andern Pfännchen haben wie die Sauce zubereitet: Zwiebeln in Butter anziehen, Schinkenwürfeli hinzugeben (etwa 100 Gramm), ebenso etwas Bratensauce und mit 1½ dl Rotwein ablöschen. Die Sauce über die Eier nappieren und die heissen Brotwürfeli darauf geben. Ein Göttergedicht – ein Göttergericht!

Hackfleischkuchen «Elsässer Art»

300 g Blätterteig, 100 grob gehackte Zwiebeln, Peterli, Speckwürfeli, 2 Tassen Tomaten-Concassé (geht auch mit Püree, aber mit hausgemachter Tomatensauce schmeckt's besser), 100 g Reibkäse und 300 g Gehacktes (gemischt), Salz, Pfeffer, Basilikum (in der Saison: frischen)

Den Teig auswallen und auf Kuchenblech geben. In Öl Zwiebeln glasieren und die Speckwürfeli sowie das Gehackte hinzugeben und anbräunen. Würzen. Nun kann man das Tomaten-Concassé hinzuschütten, gut rühren und alles 5 Minuten köcherln lassen. Die Masse erkalten lassen und auf den nicht zu dünn ausgewallten Blätterteigboden schütten. Mit Basilikum parfümieren und dem Käse überschneien. Den gehackten, frischen Peterli darüber geben – und im Ofen bei Mittelhitze während 40 Minuten ausbacken. Dazu servieren wir grünen Salat.

Soufflé de mandarines

4 Eier, Cointreau, 1 Mandarine (ungespritzt), Butter, Soufflèform, 160 g Zucker

Eigelb mit Zucker gut verrühren und Eiweiss zu steifem Schnee schlagen. In die Eigelb-Zucker-Masse rapsen wir Mandarinen-Schale (etwa von einer halben Mandarine) und geben den Saft einer halben Mandarine hinzu. Nun ziehen wir den Eischnee unter die Masse, schütten alles in die ausgebutterte Soufflé-Form (nur zwei Drittel der Form auffüllen!) und backen die Köstlichkeit bei Mittelhitze (250 Grad) während 15 bis 20 Minuten aus. Das Soufflé steigt und muss warm serviert werden – vor dem Servieren aber spritzt man es mit ein paar Tropfen Cointreau ab.

Les Ris de Veau au citron
Hasenfilets à la -minu(te)
Semi-Freddo «Chris»

Les Ris de Veau au citron

300–400 g Milken, Blattspinat (200 g), 1 Zitrone, Paniermehl, 1 Ei, 1 Tropfen Öl, Salz, Pfeffer, Muskat, Bouillon (1 Liter)

Die Milken werden in Bouillon 15 Minuten auf kleinem Feuer gekocht (am besten das Wasser nur ziehen lassen), herausgenommen, sorgfältig gehäutet und in fingerdicke Scheiben geschnitten.
Das Ei wird verquirlt, mit Salz und Muskat gewürzt. Überdies gibt man einen Tropfen Öl hinzu und wendet die Milken-Schnittlein darin. Nun dreht man sie im Paniermehl und backt sie in heisser Butter in der Bratpfanne auf beiden Seiten drei Minuten aus. Noch einmal würzt man mit wenig Salz und Pfeffer und tröpfelt den Saft einer ganzen Zitrone über die gebackenen Schnittlein.
In der Bouillon haben wir mittlerweile auch den Spinat gekocht, tropfen ihn gut ab, geben Butterflocken darüber und richten auf den Tellern einen Ring mit den gedünsteten Blättern an. In die Mitte des Rings geben wir die Milken und garnieren mit einer Zitronenscheibe.

Hasenfilets à la -minu(te)

4 Hasenfilets, 2 Orangen, Salz, Pfeffer, etwas Rosmarin, Rotwein, Trauben, Bratenjus, Butter

Die Hasenfilets legen wir über Nacht in Rotwein (wer will, kann einen Schuss Cognac hinzugeben). Herausnehmen. Gut abtrocknen. Dann salzen, pfeffern sowie mit etwas Rosmarin einreiben. Öl erhitzen, Hasenfilets mit Traubenbeeren hineingeben und auf beiden Seiten während je einer Minute anbakken. Jetzt mit einer Tasse vom Rotwein ablöschen, Saucenjus hinzugeben und den Saft einer ausgepressten Orange.

Auf kleinem Feuer höchstens fünf Minuten köcherln lassen. Die Filets herausnehmen und die Sauce mit etwas Butter (in kleinen Stücklein in die heisse Sauce geben) dicken und verfeinern.
Die zweite Orange in Scheiben schneiden. Und die Filets mit den Scheiben garnieren. Teller mit Sauce ausnappieren und Fleisch darauf legen. Dazu Trockenreis.

Semi-Freddo «Chris»

4 Portionen Vanille-Eis,
1 Zitrone,
Grand Marnier

Das Eis eine halbe Stunde vor dem Servieren aus dem Tiefkühler nehmen und in eine Schüssel geben. Den Saft sowie die Schale einer Zitrone darüber geben – ebenso einen zünftigen Gutsch Grand Marnier.
Wenn das Eis geschmeidig ist, alles gut verrühren (nicht mit dem Mixer, sondern mit einer Holzkelle) und in Coupe-Gläser abfüllen.
Mit einem Biscuit servieren.

La Salade folle
Soufflé rose
Les Prunes d'orange

4 schöne Endives, 200 g Entenleber, Weissbrot, 1 Apfel, Calvados, Salz, Pfeffer, Butter, kaltgepresstes Olivenöl, 1 Zitrone

Salade folle

Endives rüsten und die Blätter in zwei Zentimeter lange Streifen schneiden. Leicht salzen, mit Zitrone überträufeln und mit kaltgepresstem Olivenöl parfümieren. Nun wird der Apfel geschält und in vier halbzentimeterdicke Scheiben unterteilt. Die Scheiben im kochenden Zitronenwasser während zwei Minuten blanchieren. Herausnehmen. Gut abtropfen.
Die Entenleber ungewürzt in die heisse, braune Butter geben, nur kurz wenden (jede Seite etwa 30 Sekunden) und erst jetzt leicht pfeffern, salzen und mit Calvados ablöschen. In die Sauce geben wir nur für einen kurzen Moment auch noch die Apfelscheiben, wenden sie rasch und richten zuerst die Scheiben, dann die Leber auf dem Salat an – über alles geben wir knackige, in heisser Butter gebackene Weissbrotwürfeli.

300 g Flundern-Filets, 100 g Crevetten, Tomatenpüree, 1 Glas Weisswein, Bouillon, 50 g Emmentaler, 2 dl Sauce Béchamel ziemlich dick (weisse Sauce), 4 Eigelb, 4 Eiweiss

Soufflé rose

Die Filets im Weisswein-Bouillon-Gemisch weich kochen und (ohne Flüssigkeit) zusammen mit den gekochten Crevetten vermixen. Das Gemisch wird mit einem Löffel Tomatenpüree angereichert sowie mit dem Eigelb, der Béchamel und dem geriebenen Käse. Auflaufform ausbuttern. Eiweiss nun zu steifem Schnee schlagen und unter die Soufflé-Masse ziehen. In Form geben und bei vorgeheiztem Ofen, Mittelhitze und 250 Grad, während 20 Minuten aufgehen und ausbakken lassen.
Zum Soufflé kann man (so das Entrée weggelassen worden ist) wilden Reis servieren.

Les Prunes d'orange

250 g entsteinte Dörrpflaumen (oder Dörrzwetschgen), Cognac, 4 Orangen, 1 Glas schwerer Rotwein (Bordeaux), Zimt, Zucker

Die Dörrpflaumen legt man über Nacht in den Cognac ein. Nun presst man die Orangen aus und schneidet die Schale einer Orange in hauchdünne, feine Scheibchen. Diese gibt man in den Saft, ebenso den Cognac und die Zwetschgen, schüttet schliesslich den Rotwein hinzu, ebenso zwei Esslöffel Zucker und etwas Zimt. Das Ganze aufkochen lassen und schliesslich in die Kühle stellen.

In einer Glasschale anrichten und mit halbsteif geschlagenem Rahm, den man nicht zuckert, servieren

Storzeneeri à la Bâloise
Schweinszimmerli «Barbarossa»
Les Pommes d'Eve

Storzeneeri à la Bâloise

100 g frische Schwarzwurzeln,
100 g Weissbrot,
100 g Speckmöggeli,
4 grosse Salatblätter,
2 Rüebli,
1 Boskop-Apfel,
4 dünne(!) Scheiben Bratspeck, Olivenöl, Zitrone, Salz, Butter

Die Schwarzwurzeln unter dem laufenden kalten Wasser schälen. Ebenso die Rüebli. Beides in zwei Zentimeter grosse Stücklein schneiden. Separat im Salzwasser al dente kochen (Schwarzwurzeln 20 Minuten, Rüebli 15 Minuten). Abtropfen. Und Schwarzwurzeln mit Zitronensaft beträufeln. Boscop schälen und in Stücklein schneiden. Mit Zitrone beträufeln. Speckmöggeli braten, Fett abschütten und zum Gemüse geben. Alles gut mengen, mit Salz leicht überstreuen, nochmals etwas Zitronensaft über alles träufeln und mit vier Esslöffel Olivenöl anreichern. Salatblätter waschen und den Schwarzwurzel-Salat darauf anrichten. Nun das Weissbrot in Würfel schneiden, diese in heisser Butter knusprig braun backen und über das Ganze anrichten. Als Décor gibt man auf den Salatspitzenberg die gebackenen, gerollten Speckscheiben.

Schweinszimmerli «Barbarossa»

600 g Schweinszimmerli-Braten (am Stück also),
Rosmarin,
Salz, Pfeffer,
Bouillon, Rotwein,
Schweinefett

Das Fleisch gut würzen und im Schweinefett auf allen Seiten gut anbraten (etwa 10 Minuten). Dann samt Jus und einem Zweig Rosmarin in ein «Düpfi» geben. Warme Bouillon und starken Rotwein je zur Hälfte darüber giessen, bis der Braten völlig bedeckt ist. Über Nacht an einem kühlen Ort stehen lassen (man kann ihn auch zwei bis drei Tage so stehen lassen – wird im Aroma stärker). Schliesslich alles aufs Feuer geben und anderthalb Stunden köcherln. Das trockene Fleisch wird so saftig und erhält ein köstliches Aroma. Vom Sud kann man sich zwei

Tassen voll absieben, diese in einer kleinen Pfanne auf mittlerem Feuer reduzieren (köcherln lassen, so dass die Sauce konzentriert wird) und vor dem Servieren mit Butterflokken anreichern. Zum Braten servieren wir Nudeln oder Knöpfli.

Les Pommes d'Eve

2 schöne, grosse Golden-Delicious-Äpfel,
Cassis-Sirup,
Pistazien-Glace,
Calvados,
etwas Rotwein,
4 Pistazien-Kerne oder Nüsse

Die Äpfel schälen, halbieren, Kerngehäuse entfernen. Nun kommen die vier Apfelhälften in einen Sud von Cassis-Sirup und Rotwein. Hier werden sie während 10 Minuten auf kleinem Feuer gekocht – und dann zum Abkühlen mit dem Saft auf die Seite gestellt (kann man schon am Vortag zubereiten). Schliesslich holt man vor dem Servieren die Äpfel aus dem Saft (sie sollten nun eine zartrote Farbe angenommen haben). Sie dürfen aber nicht kalt sein (also nicht direkt vom Kühlschrank auf den Teller!).

Wir bedecken den Boden von vier grossen Tellern mit dem Jus, dem wir etwas Calvados beigefügt haben. Die Äpfel mit der runden Seite darauflegen. Die ausgehöhlte Seite mit Pistazien-Glace füllen. Mit den Kernen oder den Nüssen garnieren. Und mit wenig Calvados «parfümieren».

Ris de Veau «Boulanger»
Les Endives roses
Mousse d'oranges

400 g Kalbsmilken,
1 dunkles, 2 Tage altes
Bürli, 50 g geriebener
Emmentaler mild,
2 Eier, Salz, Pfeffer,
Muskat, Butter,
Bouillon, Zitrone

Ris de Veau «Boulanger»

Die Milke in Bouillon während 15 Minuten kochen. Abtropfen. Häuten. Und in Medaillons schneiden.
Das Bürli in Scheiben schneiden und in der Moulinex in grobe Brösmeli zerhacken (man kann es auch ganz einfach von Hand «verbröösmele»).
Eier gut verrühren, salzen, pfeffern, einen Tropfen Öl und den geriebenen Emmentaler darunter geben.
Milken-Medaillons leicht salzen, mit Muskat bestäuben und im Eigelb drehen. Nun in den dunklen Brotbrösmeli auspanieren – und in der heissen Butter auf beiden Seiten vier Minuten ausbacken. Vor dem Servieren mit Zitronensaft bespritzen.
(Man kann sie auf Spinatblättern oder mit frischen, jungen Erbsen anrichten.)

8 schöne,
grosse Endives,
Tomatenpüree,
2 dl Rahm, 2 Eigelb,
100 g Parmesan,
8 Tranchen Schinken,
Trockenreis,
Weisswein, Bouillon,
200 g frische
Champignons, Butter,
Salz, Pfeffer, etwas
Estragon

Les Endives roses

Endives putzen und am untern Ende ein zentimetergrosses Stück herausschneiden (so werden die Endives nicht bitter). In der Bouillon al dente kochen (etwa 15 Minuten). Abtropfen.
Trockenreis in eben diese Bouillon geben, weich kochen, abtropfen.
Champignons in Butter andünsten. Mit Salz, Pfeffer und Estragon würzen und mit etwas Weisswein sowie Bouillon ablöschen. Fünf Minuten köcherln lassen und 1 dl Rahm unter das Ganze ziehen. Vom Feuer nehmen und mit dem Reis vermischen – alles in feuerfeste Form geben.
Die Endives in Schinken einrollen. Eier ver-

klopfen, Parmesan und zwei Esslöffel Tomatenconcassé (oder -püree) hinzu geben. Ebenso 1 dl Rahm. Die Schinken-Endives auf den Reis legen und mit der Eiermasse überschütten. Im Ofen bei Mittelhitze und 250 Grad während 20 Minuten ausbacken.

Mousse d'oranges

2 Blut-Orangen,
2 Blatt Gelatine,
2 dl Rahm,
6 Eiweiss,
6 Esslöffel Zucker,
Cointreau

Orangen waschen, halbieren und sorgfältig den Saft herauspressen. Diesen mit der Gelatine (die man vorher rasch eingeweicht hat) aufkochen. Und zwei Esslöffel Zucker hinzu geben
Eiweiss zu festem Schnee schlagen – ebenso Rahm sehr steif schlagen. Schnee und Rahm zu einer Kugel vermengen und den Orangensaft samt einem Likör-Glas voll Cointreau darunter ziehen. Fruchtfleisch aus den Orangen entfernen – und die Mousse in den halbierten Orangen anrichten.
Im Eiskasten ein paar Stunden ruhen lassen.
Vor dem Servieren etwa eine Viertelstunde aus dem Kühlschrank nehmen.

Champignons «Royal»
Gefüllter Kohl «Helmuth»
Tarte aux poires

Champignons «Royal»

8 grosse Wald-Champignons,
2 Eier, 1 dl Kaffeerahm,
50 g geriebener Emmentaler (rezent),
500 g Blattspinat
Bouillon, Muskat, Salz, Pfeffer

Champignons abstielen und die Köfe in der Bouillon zehn Minuten köcherln lassen. Herausnehmen. Auf gebutterte, feuerfeste Form geben (Kopfseite unten). Eier mit Kaffeerahm und Emmentaler verrühren und würzen. Die Champignons damit füllen.
Blattspinat sauber waschen, allzu grobe Stiele entfernen, in grosse Pfanne geben und eine halbe Tasse Bouillon hinzuschütten. Dämpfen. Schliesslich abtropfen, auf Teller anrichten – und die Champignons, die man zehn Minuten im Ofen bei 250 Grad Mittelhitze ausgebacken hat, darauf servieren.

Gefüllter Kohl «Helmuth»

1 grosser Rotkohl,
2 Tassen Reis, Bouillon,
3 Tassen Weisswein,
2 dl Rahm,
500 g geschnetzeltes Schweinefleisch,
Emmentaler, Fett,
1 Esslöffel Rosinen,
200 g gewürfelter Beinschinken, Salz, Pfeffer, Estragon

Rotkohl mit spitzem Messer aushöhlen und in leicht gesalzenem Wasser al dente kochen (je nach Kohl 30–40 Minuten).
Kohl auf feuerfeste Form geben – im roten Kohlwasser, das man mit stark konzentrierter Bouillon würzt (oder mit Bouillon-Würfeln), den Reis al dente kochen. Er wird dann schön rosa.
Fett in der Bratpfanne erhitzen, Fleisch darin wenden, Schinken und Rosinen hinzugeben und nach drei Minuten mit Weisswein ablöschen.
Zehn Minuten köcherln lassen – mit Estragon, Pfeffer und etwas Bouillon würzen. Rahm hinzugeben und nun alles unter den Reis geben. Gut mengen und in den Kohl abfüllen. Oben mit etwas Emmentaler bestreuen. Und im Ofen bei Mittelhitze während 15 Minuten ausbacken (250 Grad).

Tarte aux poires

1 Pfund Blätterteig,
250 g Walnuss-Kerne,
500 g Birnen,
50 g Butter,
100 g Zucker
mit Zimt, Zitronen

Blätterteig auswallen und Wähenblech damit auslegen. Birnen schälen, Kerngehäuse entfernen, Schnitze schneiden und diese mit Zitronensaft beträufeln. Walnüsse fein zerhacken (Moulinex). Den Teigboden damit belegen und darauf die Birnenscheiben auslegen. Butterflocken über die Birnen geben – ebenso den Zimtzucker. Im vorgeheizten Ofen bei 220 Grad Mittelhitze während 50–60 Minuten ausbacken. Warm servieren.

Les Œufs du saumon
Basler Hiehnerbrischtli
La crème russe

Les œufs du saumon

150 g saumon fumé,
4 harte Eier,
1 dl double-crème
(gruyère), 5 Esslöffel
Mayonnaise, Gin,
Salatblätter, Toastbrot
(warm), Zitrone

Den Saumon pürieren, mit zwei Esslöffel Gin parfümieren und die double-crème darunterziehen. So erhält man eine dickliche Masse. Eier halbieren. Eigelb entfernen und die Eihälften mit der Saumon-Masse füllen. Mayonnaise mit ein paar Tropfen Gin und Zitronensaft verfeinern. Die halbierten, gefüllten Eier auf gewaschene Salatblätter legen, mit der Sauce gut nappieren und nun die Eigelb durchs Sieb darüber streichen, dass sie kleine Mimosen bilden. Zu den Eiern warme Toastschnitten servieren.

Basler Hiehnerbrischtli

4 Poulet-Brüstchen,
2 dl Béchamel,
50 g Emmentaler,
4 Tranchen
Beinschinken,
1 kleine Büchse
schwarze Trüffel,
Sherry, Bouillon

Pouletbrüstchen in der Mitte einschneiden und in siedender Bouillon etwa fünf Minuten blanchieren. Béchamel mit Emmentaler anreichern und mit etwas Sherry abschmecken. Mit wenig Muskat parfümieren. Trüffel zerkleinern (aber nicht zu klein – etwa kleinfingernagelgross) und in die Béchamel geben. Alles gut mengen.
Pouletbrüstchen aus der Bouillon nehmen und mit der Schinkentranche füllen. Auf gebutterte, feuerfeste Form geben und mit der Béchamel übergiessen. Bei 300 Grad während 15 Minuten ausbacken. Und mit Trokkenreis servieren.

Crème russe

100 g kandierte Früchtlein (zerhackt), Kirsch, 100 g Zucker, 4 Eigelb, 4 Eiweiss, 2 dl Rahm, Zitronenschale

Das klassische Sonntagsdessert: Die kandierten Früchtlein werden über Nacht in Kirsch eingelegt. Eigelb mit Zucker verrühren. Früchtlein sowie Kirsch in die Masse ziehen. Ebenso eine gerapste Zitronenschale. Rahm steifschlagen und mit der Masse gut mengen. Eischnee darunterziehen. Und etwa eine Stunde so im Eiskasten stehen lassen. In Coupe-Gläsern servieren.

Tarte aux poireaux
Le Gratin Grand-mère
Ananas Royale

Tarte aux poireaux

500 g Lauch,
500 g Blätterteig,
100 g Speckwürfeli,
2 dl Béchamel,
50 g Gruyère gerieben,
1 Glas Weisswein,
Bouillon

Teig auswallen und Wähenblech damit auslegen. Lauchstengel gut waschen und in kleine, etwa zentimetergrosse Stücklein schneiden. Diese in der Bouillon etwa fünf Minuten köcherln lassen, herausnehmen, gut abtropfen und mit der Béchamel, der man das Glas Weisswein wie auch den Käse zugemengt hat, sorgfältig mischen. Die ganze Sache auf dem Teig anrichten und im Ofen bei Mittelhitze etwa 50 Minuten ausbacken.

Le Gratin Grand-mère

250 g Makkaroni,
200 g Blattspinat,
200 g Schinken (in Streifen geschnitten),
1 Knoblauchzehe,
100 g Zwiebeln,
1 Glas Weisswein,
50 g Sbrinz (geraffelt)

Makkaroni in Salzwasser mit einem Tropfen Öl al dente kochen. Wasser absieben. Butter in Bratpfanne zergehen lassen, die fein gehackten Zwiebeln sowie den ausgepressten Knoblauch darin anziehen – den gekochten Blattspinat im ganzen wenden und alles zu den Makkaroni geben.
Sorgfältig mengen, in ausgebutterte Gratinform geben und mit einem Glas Weisswein anreichern.
Sbrinz darüber schneien. Im Ofen etwa 15 Minuten ausbacken.

Ananas Royale

1 grosse Ananas,
500 g Erdbeer-Glace
(Schiesser), Erdbeeren
zum Garnieren (muss
nicht), 1 Gläslein Kirsch,
50 g Zucker

Ananas-Deckel abschneiden. Frucht aushöhlen. Das Fruchtfleisch in kleine Stücke dressieren (den harten Mittelteil weglassen). Die Glace halbieren und die untere Hälfte der Ananas mit der einen Hälfte Glace ausfüllen. Etwas Kirsch darüber giessen – das Fruchtfleisch darauf füllen und die übrige Glace auf das Fruchtfleisch anrichten.

Mit Erdbeerstücklein ausgarnieren – wieder etwas Kirsch über das Ganze und den Ananas-Deckel darauf geben.

Zucker in Teflon-Pfanne erhitzen bis er braun und flüssig ist – über die Ananas geben.

Basler Fasnachtsmenu

Aus aktuellem Anlass servieren wir Ihnen das typische Basler Fasnachts-Menu! Mählsuppe, Zibele- und Kääswaije. Die Rezepte stammen aus der Gifthüttli-Küche von Hansruedi Rutschmann, der nicht nur für seine Mehlsuppe, die er bereits am Samstagnachmittg aufs Feuer stellt, berühmt ist.

Basler Mählsuppe

600 g Kalbsknochen, 2,5 l Wasser, 1 Nelke, 1 Lorbeerblatt, 4 Pfefferkörner, 1 halbe geschälte Zwiebel, 1 Prise Salz. Ferner: 100 g gesiebtes Mehl, das man im Ofen bei ca. 180 Grad röstet und dann erkalten lässt. 30 g Butter, 1 fein gehackte Knoblauchzehe

Knochen und Gewürze mit Wasser aufsetzen und ca. vier Stunden köcherln lassen, so dass noch 1,5 l Kalbsbouillon bleiben. Den Schaum immer wieder absieben! 30 g Butter in einer Pfanne zergehen lassen und mit dem gerösteten, gesiebten Mehl vermengen. Den erkalteten, passierten Kalbsfond dazuschütten, die gehackte Knoblauchzehe hinzugeben, gut rühren und etwa eine halbe Stunde köcherln lassen. Man kann nun nach Belieben und Geschmack mit Rotwein, Pfeffer und etwas Salz abschmecken.

Zibele- und Kääswaije

Geriebener Teig für zwei Wähen vom Durchmesser 29–32 Zentimeter: 600 g gesiebtes Mehl, 300 g Butter, 15 g Salz, 2 dl Wasser

Mehl mit Butter feinreiben. Einen Ring machen und Wasser wie Salz beifügen – rasch zu einem Teig kneten. Diesen lässt man zwei Stunden im Kühlschrank ruhen, teilt ihn dann in zwei Stücke, wallt ihn aus und legt ihn auf die beiden Wähenbleche. Nun lässt man die ausgelegten Wähen wieder etwa zwei Stunden ruhen.
Der Guss: Für beide Wähen brauchen wir nun einen Guss. Dieser wird folgendermassen zusammengesetzt: 8 dl Milch, 1 dl Rahm, 3 ganze Eier, 2 Eigelb, 80 g Mehl, 10 g Salz und Pfeffer aus der Mühle gut vermengen.

Kääswaije

100 g Emmentaler (gerieben), 100 g Gruyère (gerieben), 80 g Appenzeller (gerieben), etwas Muskat, Guss

Dies alles gut mischen, auf den Teig ausstreuen und mit der Hälfte des Gusses auffüllen. Im Ofen bei 250 Grad Mittelhitze etwa eine halbe Stunde ausbacken.

Zibelewaije

400 g geschälte Zwiebeln, 40 g Öl, 100 g Speckwürfeli, etwas Oregano, Guss

Zwiebeln in «Streifen» fein schneiden und im Öl weichdünsten (wenig salzen!). Speckwürfeli sowie Oregano beifügen, gut mischen und erkalten lassen.

Kalt auf den Teigboden legen, mit der Hälfte des Gusses auffüllen und im Ofen bei 250 Grad Mittelhitze eine halbe Stunde ausbakken.

Crêpes «Verdi»
Suurs Lümmeli
Monte Bianco alla Romana

250 g gehackter Spinat,
250 g Ricotta,
200 g geriebener Parmesan,
3 Eier, 2 dl Milch, Mehl, etwas Öl, Butter

Crêpes «Verdi»

Eier mit Milch und 50 g Spinat (gehackt) gut verklopfen und Mehl hinzugeben, bis eine sämige Masse entsteht. Einen Löffel Öl hinzuschütten. Und am besten 24 Stunden stehen lassen – dann haben wir den Crêpe-Teig.
In Omelette-Pfanne die Crêpes ausbacken (vier Stück).
Ricotta und den restlichen Spinat vermengen, Parmesan dazu schütten, salzen, pfeffern und nochmals gut durchkneten. Mit dieser Masse die ausgebackenen Crêpes füllen, einrollen und in eine ausgebutterte Form geben.
Im Ofen bei 250 Grad Mittelhitze etwa 10 Minuten ausbacken.

1 Schweine-Filet,
starker Rotwein, etwas Essig, Rosinen, Lorbeer,
50 g dunkle Schokolade,
10 zerstampfte Wacholderbeeren,
1 Schuss Cognac

Suurs Lümmeli

Filet in eine Marinade von Rotwein, Lorbeer, einem zünftigen Schuss Essig und zerstampften Wacholderbeeren einlegen. Drei Tage ruhen lassen (und in der Kühle halten!).
Fleisch gut abtrocknen, mit etwas Mehl bestäuben und in Düpfi gut anbraten. Mit dem abgesiebten Sud ablöschen, Rosinen hinzugeben, mit Salz und Pfeffer nur leicht würzen und die Schokolade in kleinen Stücklein in die Flüssigkeit geben.
Alles auf kleinem Feuer etwa 40–60 Minuten leise köcherln lassen. Am Schluss einen Schuss Cognac in die Sauce geben.
Zum «Suure Lümmeli» serviert man Knöpfli, Nudeln oder Kartoffelstock.

Monte Bianco alla Romana

8 Méringue-Schalen,
2 dl Rahm, Zucker,
1 Dose Vermicelle-
Püree, Kirsch

Die Méringue-Schalen werden in grobe Stücke geschlagen. Man gibt sie in eine Kristallschale und verteilt das Maronen-Püree, das man mit Kirsch etwas verfeinert hat, darüber.

Nun wird der Rahm steif geschlagen, nicht allzu stark gesüsst und über das Ganze angerichtet.

Pomodori favolosi
Haselnussflaischkääs
Rhabarber-Schnittli

4 schöne, grosse
Tomaten,
1 Päcklein
Suppenperlen-
Teigwaren,
1 Messerspitze Safran,
1 dl Rahm,
100 g Parmesan,
1 Esslöffel Olivenöl,
Salz, Basilikum

Pomodori favolosi

Von den Tomaten Deckel wegschneiden. Und aushöhlen. Mit einem Tropfen Öl beträufeln, wenig salzen, Basilikum-Blatt auf den Tomaten-Boden legen und in feuerfeste Form geben. Suppenperlen in leicht gesalzenem Wasser weichkochen, abtropfen und mit einem Esslöffel Olivenöl würzen. Safran hinzugeben und gut verrühren, so dass die Perlen goldengelb werden. Nun den Parmesan hineingeben – ebenso den Rahm. Wieder gut rühren. Und die Tomaten mit den Suppenperlen auffüllen. In vorgeheizten Ofen bei 250 Grad Mittelhitze etwa 15 Minuten ausbacken.

4 zentimeterdicke
Tranchen Fleischkäse
(oder Haselnuss-
Fleischkäse von Itin),
100 g Haselnüsse,
mittelfein zerhackt,
50 g Paniermehl, Salz,
Pfeffer, 2 Eier, Butter,
Zitrone, Paprika

Haselnussflaischkääs

Eier gut verrühren (einen Tropfen Öl beigeben) und mit Paprika und Salz würzen. Paniermehl mit den gehackten Haselnüssen mischen. Fleischkäse im Ei baden und sofort im Haselnuss-Paniermehl-Gemisch wenden. In heisser Butter ausbacken und mit Zitronenschnitzen servieren.

Rhabarber-Schnittli

1 Pfund Rhabarbern,
Einback, Butter,
100 g Zucker,
Puderzucker,
4 Eiweiss

Rhabarbern schälen, in mittelgrosse Würfel schneiden und mit wenig Wasser aufs Feuer setzen. Weich kochen und mit dem Zucker würzen. Einbackschnitten (zentimeterdick) in heisser Butter ausbacken, so dass die beiden Seiten goldbraun werden. Auf ein Blech geben und Rhabarbermus darauf nappieren. Eiweiss steif schlagen und mit vier Esslöffel Puderzucker mischen. Die Schaummasse über die Schnittli dressieren und im vorgeheizten Ofen bei 250 Grad Mittelhitze etwa zehn Minuten ausbacken.

Rotondi «Elsbeth»
Fegato «Ranieri»
Soufflé de Vanille froid

Polenta, Fontina-Käse,
Paniermehl, Eier, Öl,
Salbeiblätter

Rotondi «Elsbeth»

Wir bereiten eine dicke Polenta zu. (Die Zubereitung ist immer wieder verschieden. Man hält sich am besten an die jedem Paket beigegebene Kochregel. Statt Wasser verwenden wir jedoch Bouillon.) Den heissen Polenta-Teig glätten wir anderthalb Zentimeter dick auf einer Marmor-Platte aus und stechen mittelgrosse Rundummeli aus. Diese belegen wir mit Fontinakäse und je einem Salbeiblatt, geben ein zweites Rundummeli darauf und wenden das Ganze in geschlagenem Ei, das wir leicht gesalzen haben. Im Paniermehl drehen und in der Friteuse oder im heissen Öl ausbacken.
Zwei Stück pro Kopf als Entrée – sechs bis acht als Hauptgericht mit Salat.

Fegato «Ranieri»
(Spezialität des ältesten Ristorante von Rom)

4mal 100–150 g
schwere
Kalbsleberschnitten
(ziemlich dick),
4 Speck-Streifen, Mehl,
2 Äpfel, Calvados,
Butter, Salz, Pfeffer,
etwas Weisswein,
1 mittlere Zwiebel

Kalbsleber leicht mit Mehl bestäuben. Nicht würzen! Einen geschälten Apfel in kleinere Würfel schneiden – den zweiten geschälten Apfel in vier Scheiben unterteilen. Immer Kerngehäuse gut entfernen. Und die Äpfel etwa eine Stunde im Calvados marinieren.
Zwiebel hacken (jedoch nicht allzu fein).
Die Zwiebel nun in heisser Butter anziehen und einen Kaffeelöffel voll Zucker sowie einen halben Kaffeelöffel voll Salz hinzugeben. Ebenso die Apfelwürfel und die vier Apfelscheiben. Pfeffern. Nach fünf Minuten mit etwas Weisswein ablöschen und ziehen lassen. Am Schluss Calvados beifügen.
In einer zweiten Bratpfanne Butter erhitzen und die Speckstreifen hineingeben. Nach

fünf Minuten die Kalbsleber auf jeder Seite etwa anderthalb Minuten ausbacken. Erst jetzt pfeffern und salzen.

Auf einen warmen Teller die Apfelviertel geben, die Leberseite darüber anrichten, die Speckseite daraufgeben und schliesslich den gewürzten Apfel samt Zwiebeln mit dem Calvados-Wein-Butter-Jus über die Leber nappieren.

Soufflé de Vanille froid

1 Zitrone, 400 g Vanille-Glace, Cointreau, 2 Kiwis

Glace eine halbe Stunde vor dem Essen aus dem Tiefkühler nehmen. Zitronenschale rapsen und darüber geben. Jetzt auch den Saft der Zitrone.
Kiwis schälen und in kleine Würfel schneiden. Würfel in eine Schale geben.
Nach einer halben Stunde die sämige Glace mit dem Zitronensaft und der gerapsten Schale gut vermengen (mit zwei Löffeln) und mit einem guten Schuss Cointreau würzen.
Über die Kiwis giessen und mit Löffelbiscuits ausgarnieren.

Chuera (Walliser Spezialität)
Soufflé vert
Tira-mi-su

Chuera
Ein üppiges Voressen aus dem Wallis

250 g Kuchenteig, 3 Gschwellti, 1½ Äpfel, 200 g Gommer Käse (oder ein rezenter Hartkäse), 1½ dl Rahm, Salz, Muskat, Pfeffer, ein Kaffeelöffel voll Zucker, 2 Lauchstengel

Teig auf gefettetes Kuchenblech auslegen. Kartoffeln grob scheibeln, Lauchstengel in feine Rädli schneiden, Käse reiben – alles auf den Teig geben.
Äpfel darüber raffeln (grob) – mit Salz, Zukker, Muskat und Pfeffer würzen. Rahm darüber giessen. Und im Ofen bei 250 Grad Mittelhitze ausbacken (30–40 Minuten).

Soufflé vert
(Etwas für Gründonnerstag)

2 dl Béchamel-Sauce, 100 g milder Emmentaler gerieben, 5 Eiweiss, 5 Eigelb, 200 g gehackter Spinat, 400 g Flundernfilet, 1 Souffléform (ausgebuttert), Weisswein

In die erkaltete Béchamel den Käse sowie die Eigelb in eine Schüssel geben und gut verrühren.
Nun die Flundernfilets, die man leicht gesalzen, gepfeffert und in etwas Weisswein-Bouillon-Flüssigkeit während fünf Minuten blanchiert hat, mixen oder mit der Gabel gut zerdrücken.
Alles in die Béchamel-Masse schütten und nun den Spinat beifügen. Wieder gut mengen und die Masse mit dem Eischnee von den fünf Eiweiss sorgfältig anreichern.
In Soufflé-Form abfüllen und bei Mittelhitze und 250 Grad während 20 Minuten ausbakken. Die Masse nur zu zwei Dritteln auffüllen, da das Soufflé aufgeht. Sofort servieren.

1 Tasse starker Expresso,
250 g Mascarpone,
3 Eigelb,
halber Liter Milch,
1 Vanillestengel,
1 Päckli Vanillezucker,
Zucker, 1 Biscuit-Cake
(etwa 300–400 g),
Schnaps (Brandy, Tia Maria, Cognac, Kirsch, Cointreau oder Kaffeelikör),
1 Esslöffel Maizena,
Schokoladenpulver

Tira-mi-su (Cucina bolognese)
Cake in zentimeterdicke Scheiben schneiden, in eine längliche Schale zwei, drei Scheiben legen, diese mit Schnaps und etwas Kaffee beträufeln und mit dem Mascarpone dick bestreichen.
Nun hat man eine «crema zubereitet: Ein halber Liter Milch wird mit dem Vanillestengel aufgekocht. Die Schote öffnen, damit das dunkle Vanille-Mark herauskommt. Milch mit etwas Zucker und mit dem Maizena, das man in etwas kalter Milch angerührt hat, anreichern.
Kochen bis die Milch dicklich wird, vom Feuer nehmen und die drei gut verrührten Eigelb darunterziehen. Wieder rühren und erkalten lassen.
Die kalte «crema» wird nun ebenfalls (etwa ein Drittel) auf den Mascarpone gestrichen und das Ganze erneut mit zwei bis drei Cake-Schnitten zugedeckt.
Nun wieder Kaffee und Schnaps. Dann erneut Mascarpone und «crema» – und so weiter. Bis alles aufgebraucht ist.
Zuoberst sollte eine Lage Mascarpone sein, die man dick mit Schokoladenpulver einpudert.

Les Œufs de Pâques
Capretto alla Romana
Tartelettes Bâloises

Les Œufs de Pâques

400 g Blattspinat, schön geputzt, Weinessig, Olivenöl, Salz, Pfeffer, 5 harte Eier, 200 g Beinschinken, Peterli, 1 dl Crème Gruyère, Muskat, Pistazien (½ Schüsseli)

Spinat im heissen Salzwasser kochen, absieben und erkalten lassen. Mit Weinessig und Olivenöl sowie etwas Pfeffer zu einem Salat würzen. Und auf die vier Teller verteilen. Vier Eier halbieren. Eigelb separat legen. Ebenso das fünfte Ei auf die Seite legen. Beinschinken durch den Fleischwolf drehen (oder mit Hilfe von Moulinette, Mixer etc.), mit der fein gehackten Petersilie und einem halben Dezi Crème Gruyère sowie Muskat würzen. Am Schluss die nicht gehackten Pistazien beifügen. Die Masse in die Eier-Halbseiten abfüllen. Und die beiden gefüllten Halbeier nun auf den Spinat geben. Mit dem Rest der Crème Gruyère die Eioberflächen einpinseln und die Eigelbe sowie das ganze Ei durchs Sieb drücken, so dass die «Mimosa» entsteht. Diese über die eingepinselten Hälften streuen. Dazu warmen Toast servieren.

Capretto alla Romana

1 Gitzi-Schlegel, Weisswein, Bouillon, Knoblauchzehen (fünf Stück), Olivenöl, Mehl, 2 Karotten, 1 Zwiebel, 1 Lauchstengel, Rosmarin, 1 Brootis-Pfanne, 600 g Kartoffeln, geschält und in halbzentimeterdicke Scheiben geschnitten

Gitzi-Schlegel salzen, peffern und mit etwas Mehl bestäuben. Im heissen Fett anbraten, so dass er auf beiden Seiten schön braun wird. Nun in die Brootis-Pfanne geben und vorher mit durchgepresstem Knoblauch würzen. Mit halb Bouillon, halb Weisswein auffüllen, so dass der Schlegel gänzlich mit Flüssigkeit zugedeckt ist. Rüebli, Zwiebeln, Lauchstengel (alles sauber geputzt) in die Pfanne geben, ebenso das Rosmarin-Sträuchlein sowie die Kartoffeln und zwei Esslöffel Olivenöl. Nun den Schlegel auf kleinem Feuer etwa eine Stunde «köcherln» lassen.

Dann die Pfanne auf die Seite stellen. Und etwa 12 (kann auch 24 oder 48) Stunden an einem kühlen Ort ruhen lassen.

Vor dem Servieren den Schlegel nochmals eine halbe Stunde auf dem Feuer köcherln lassen – schliesslich herausnehmen, sorgfältig tranchieren und die Kartoffelstücke ebenfalls sorgfältig aus der Flüssigkeit herausfischen. Diese à part zum Schlegel legen.
Dazu: verschiedene Gemüse. Oder Salat.

Tartelettes Bâloises

4 Einbackschnitten,
4 Eiweisse, Puderzucker
(½ Tasse), 250 g
Erdbeeren, Zucker
(½ Tasse), Butter,
Zimt

Erdbeeren rüsten, vierteln und mit Zucker bestreuen. Eine Stunde ziehen lassen. Einback halbieren, so dass es acht Schnitten gibt. Diese in brauner Butter knusprig rösten und auf ein Kuchenblech geben. Nun mit Zimt bestreuen und die Erdbeeren samt Saft auf die acht Schnitten verteilen.
Eiweiss steifschlagen, Puderzucker darunterziehen, nochmals kurz schlagen und die «tartelettes» damit bedecken. Bei 250 Grad Oberhitze im vorgeheizten Ofen etwa 10 Minuten ausbacken.
Lauwarm servieren.

Asperges roses
Kohlrabi «Pompadour»
La tarte de Paris

Asperges roses

1,5 kg Spargeln,
250 g Erdbeeren,
2 dl Rahm,
100 g Parmesan,
Zucker, Salz, Butter

Spargeln gut rüsten. Erdbeeren ebenso. (Vier à part legen zum Dekorieren.) In grosser Pfanne Wasser kochen lassen, etwas Butter hineingeben und salzen. Ebenso viel Zucker beifügen.
Die Spargeln darin al dente kochen, herausnehmen und auf Platte servieren.
Mittlerweilen Erdbeeren fein scheibeln und mit etwas Butter in kleinem Pfännchen anziehen, pfeffern, leicht salzen, Rahm darüber giessen und zum Köcherln bringen. Ständig rühren. Nun den Parmesan in die heisse Sauce geben, wieder zum Köcherln bringen bis der geriebene Käse sich aufgelöst hat.
Die Sauce durchs Sieb drücken und über die heissen Spargelspitzen anrichten.
Mit Erdbeeren dekorieren.

Kohlrabi «Pompadour»

6–8 schöne, zarte Kohlrabi, 100 g Peterli (fein gehackt),
1 Zwiebel (fein gehackt),
150 g Beinschinken (fein gehackt),
2 dl Rahm,
1 Glas Weisswein,
100 g Emmentaler (mild, gerieben),
Salz, Pfeffer, Muskat, Butter

Kohlrabi schälen, Deckel abschneiden und aushöhlen. In Salzwasser etwa 10 Minuten (bis sie al dente sind) blanchieren, herausnehmen und abkühlen lassen.
Farce zubereiten: Peterli, Schinken und Zwiebeln in heisser Butter anziehen und mit etwas Weisswein ablöschen. In Schale geben, erkalten lassen und 1½ dl Rahm wie auch den Käse daruntermischen. Salzen, peffern und mit Muskat würzen. Nun in die Kohlrabi einfüllen und diese auf eine gebutterte, feuerfeste Form geben.
Mit dem Rest Rahm übergiessen und im Ofen bei 250 Grad Mittelhitze 10 Minuten ausbakken.

La tarte de Paris

500 g Blätterteig,
1 l Milch,
halbes Tässchen Maizena,
1 Vanillestengel,
5 Eigelb, Vanillezucker und Zucker,
Himbeerkonfitüre

Milch mit Vanillestengel aufkochen. Maizena mit etwas kalter Milch anrühren. Zur heissen Milch schütten. Zuckern. Und nochmals aufkochen lassen, bis eine dicke Crème entsteht. Vom Feuer nehmen und die gut verklopften Eigelb darunterziehen. Die Crème etwas erkalten lassen – sie wird fast puddingartig dick. Nun Teig auswallen und auf Kuchenblech, das man vorher eingebuttert hat, auslegen. Die Konfitüre auf dem Boden ausstreichen. Die Crème darauf geben. Und im vorgeheizten Ofen bei 250 Grad Mittelhitze ausbacken (etwa 30 Minuten).

Basler Syde-Gmiesli
Pot-au-feu alla Romana
Les Fraises en neige

Basler Syde-Gmiesli

500 g frische Kefen (nicht tiefgekühlt), 1 kg Spargeln, 4 Tranchen Beinschinken, Butter, 2 dl Rahm, Zucker, Salz, 50 g Parmesan, 2 Esslöffel Mehl

Kefen fädeln. Spargeln rüsten und in zwei Zentimeter grosse Stücklein schneiden. Sud zubereiten: Wasser mit Salz und Zucker im Verhältnis 1:1 würzen sowie etwas Butter hineingeben. Spargeln und Kefen darin weich kochen (Kefen 10 Minuten – Spargeln 15 bis 20 Minuten). Herausnehmen und abtropfen lassen.
In kleinerer Pfanne etwa 50 g Butter auf kleinem Feuer zergehen lassen, das Mehl darin gut verrühren, salzen und pfeffern und mit einem Glas voll Spargel-Sud aufkochen. Rahm hinzugeben. Gut rühren und mit einer Prise Zucker nachwürzen.
Gemüse in der Sauce nochmals köcherln lassen und in feuerfeste Form, die man mit den Schinkentranchen ausgelegt hat, anrichten.
Mit Parmesan überschneien und im vorgeheizten Backofen bei 250 Grad etwa 10 Minuten gratinieren.

Pot-au-feu alla Romana

1 kg Suppenfleisch (Nüssli oder Müsli), 2 Rüebli, 1 Zwiebel, 1 Lauchstengel, ein Schnitz Sellerie, Salz, 2 Bouquets Basilikum, 2 hart gekochte Eier, Weinessig, Olivenöl, Peterli

Suppenfleisch in heisses Wasser geben. Ebenso das geputzte Gemüse. Mit Salz würzen und 1½ Stunden köcherln lassen. Basilikum-Blätter waschen, Peterli ebenso – aus der Suppe ein Rüebli, den Sellerie und die Zwiebel herausnehmen. Dies alles gut vermixen und die feingehackten Kräuter darunter geben.
Mit Essig würzen und mit Olivenöl anreichern. Die gehackten Eier darunter geben. Diese Marinade schliesslich über das fein aufgeschnittene Fleisch nappieren.

500 g Erdbeeren,
4 Eiweiss, Zucker,
150 g Puderzucker –
1 feuerfeste Form

Les Fraises en neige

Erdbeeren rüsten, zuckern und etwa eine Stunde ziehen lassen. Eiweiss zu Schnee schlagen und immer wieder löffelweise den Puderzucker beigeben. Am Schluss die Erdbeeren in den gezuckerten Eischnee geben und darin wenden. Alles zusammen in die Form verteilen und im vorgeheizten Ofen bei Oberhitze etwa fünf Minuten backen.
Die Oberfläche sollte fest braun sein – der Rest schaumig.
Wer will, kann dazu noch einen Schnitz Erdbeer-Glace servieren.

Piselli all'arrancia
Suuri Härdepfel
Zuppa di fragole

Piselli all'arrancia

1 kg frische Erbsli, 6 Orangen, 1 Zwiebel, Peterli, 50 g Butter, Zucker, Salz, Pfeffer, Madeire, 1 Kaffeelöffel Mehl

Erbsli auspulen. Die Erbsli in Salz-Zucker-Wasser kochen. Und abtropfen. Zwiebel fein hacken. Dito Peterli. In Butter beides anziehen, Mehl darüberstäuben und mit dem Saft von zwei Orangen ablöschen. Salzen, pfeffern. Und leicht zuckern. Erbsli hinzugeben. Auf kleinem Feuer köcherln lassen. Die übrigen vier Orangen halbieren und aushöhlen. Fruchtfleisch in kleine Stückli schneiden und unter die Erbsen geben. Nochmals köcherln lassen und mit etwas Madeire alles ablöschen. In die halben Orangen abfüllen und so servieren. Gut dazu schmeckt Rohschinken (auf separatem Tellerli servieren).

Suuri Härdepfel (Basler Spezialität)

1 Pfund Gschwellti, 50 g Butter, 3 Esslöffel Mehl, Zwiebel, Knoblauch, 400 g Beinschinken (gewürfelt), Rotwein, Essig, Salz, Pfeffer, Estragon, Muskat, Parmesan

Mehl in Butter rösten und mit Rotwein (etwa 3 dl) ablöschen. Die in grosse Stücke geschnittenen Gschwellti sowie den Schinken in die Flüssigkeit geben und gut rühren. Nun drücken wir durch die Knoblauchpresse eine Zwiebel sowie zwei Knoblauch, salzen, pfeffern, geben etwas Muskat und Estragon in die Sauce und schliesslich noch einen zünftigen Gutsch Weinessig und ein Glas Wasser. Schön köcherln lassen, bis die Sauce sämig ist, in feuerfeste Form abfüllen, mit Parmesan überschneien und im Ofen bei 250 Grad Oberhitze etwa zehn Minuten ausbacken.

Zuppa di fragole

500 g Erdbeeren,
150 g Zucker,
halber Liter Rotwein,
4 Schnitten Weissbrot
(Einback), 50 g Butter,
1 Prise Pfeffer

Erdbeeren rüsten und halbieren. In grosse Schüssel geben. Zucker darüberstreuen. Leicht pfeffern. Und zwei Stunden ziehen lassen (nicht im Eiskasten).
Schliesslich den (guten, schweren) Rotwein (Chianti oder Bordeaux) darübergiessen und ruhen lassen (wieder eine Stunde).
Vor dem Servieren Weissbrot in kleine Würfel schneiden. Und in Butter knusprig rösten. Über die Erdbeer-Suppe anrichten. Und servieren.

Risotto «quattro colori»
Suppenhuhn à la Bâloise
Pere di Gorgonzola

Risotto «quattro colori»

2 Tassen Risotto-Reis (Vialone), 4 Tassen Weisswein, 2 Tassen starke Hühnerbouillon, 1 gehackte Zwiebel, Margarine, 50 g gehackter Spinat, 50 g starkes Tomatenpüree, 1 Dösli Safran, 100 g Parmesan, 50 g Butter

Die gehackte Zwiebel in der Margarine anziehen und Reis darin gut rühren. Mit Weisswein und Bouillon ablöschen und den Reis al dente kochen (etwa 20 Minuten auf kleinem Feuer).
Nun Butter sowie Parmesan unter ständigem Rühren hinzugeben. Reis in vier Portionen aufteilen und unter die eine Portion das Püree, unter die nächste den warmen Spinat und unter die dritte den Safran mengen. So erhält man mit dem Grund-Risotto vier Reis-Farben.
Von jeder Farbe einen Tupfer auf vorgewärmtem Teller servieren.

Suppenhuhn à la Bâloise

1 schönes Poulet, Salz, Pfeffer, Nelken, Lorbeer, Zwiebeln, 1 Rüebli, 1 Lauchstengel, 1 Büscheli Estragon, Muskat, 2 dl double Crème (Crème Gruyère), 1 dl Weisswein (trocken)

Gut gesalzenes und gepfeffertes Poulet in heisses Wasser geben und die Bouillon mit den gesalzenen Gemüsen und den Gewürzen anreichern. Salzen und pfeffern.
Das Poulet solange zugedeckt köcherln lassen, bis es vom Knochen fällt. Herausnehmen. Bouillon absieben und Poulethaut vom Fleisch ablösen. Die weissen Stücke schön filetieren.
In einem Pfännchen den Rahm mit drei Löffel Bouillon vermischen, etwas Weisswein hinzugeben und salzen sowie etwas Muskat darüberreiben.
Sauce reduzieren (etwa 10 Minuten köcherln lassen) und die feingeschnittenen Estragon-Blätter am Schluss hineingeben. Über das Pouletfleisch giessen und servieren.

Pere di Gorgonzola

2 schöne, grosse Birnen,
50 g frischgehackte Baumnüsse,
100 g Gorgonzola,
½ dl Martini bianco (dolce),
½ dl Rahm,
1 Zitrone, Zucker

Birnen halbieren, schälen, Kerngehäuse entfernen und in ganz leicht gesüsstem Zitronenwasser al dente kochen (etwa 15 Minuten – je nach Konsistenz der Frucht). 100 g Gorgonzola in einem Pfännchen mit dem Rahm auf kleinem Feuer und unter ständigem Rühren zergehen lassen. Am Schluss Martini bianco hinzuschütten und nochmals rühren.
Sauce über die warmen Birnen nappieren und die Baumnüsse daraufstreuen.
Dazu dunkles Roggenbrot servieren.

Timbales de Poisson
La Pasta di Legumi
L'Assiette rouge

4 Eigelb, 2 Eier,
400 g Flundern-Filets,
2 El Maizena,
120 g Crevetten
(gekocht), Salz, Pfeffer,
Weisswein, Peterli,
etwas Dill

Timbales de Poisson

Vier Eigelb und die beiden Eier mit Maizena gut verrühren. Fisch-Filets in etwas Butter anbraten und mit Weisswein ablöschen. Salzen. Pfeffern. Wenig gehackten Dill beifügen. Wenn die Fische weich sind (5 Minuten) in Mixer (oder Fleischwolf) geben und mit etwas Ei-Flüssigkeit pürieren. Das Fisch-Püree mit dem Ei und dem gehackten Peterli gut mengen. Nochmals nachwürzen.
Die dickliche Flüssigkeit in gebutterte und mit Crevetten ausgelegte Timbale-Förmchen geben. Diese im Wasserbad bei 200 Grad ziehen lassen, bis die Timbales nicht mehr flüssig, sondern fest sind (40–50 Minuten). Auf Teller stürzen. Und ausgarnieren.

400 g bunte Müscheli,
1 grosse Zwiebel,
4 Rüebli,
2 Lauchstengel,
1 Sellerie, 250 g
Tomaten-Concassé,
2 Knoblauchzehen,
1 Glas Frascati,
150 g Parmesan,
Basilikum, Salz,
Gemüsebouillon, Butter

La Pasta di Legumi

Müscheli in Salzwasser mit einem Esslöffel Öl al dente kochen. Mit kaltem Wasser abspühlen. Gemüse rüsten und in Würfel schneiden. Lauch in fingerbreite Rädlein zubereiten. Und das Gemüse in der Bouillon al dente kochen.
In Butter die fein gehackte Zwiebel und Knoblauch anziehen. Tomaten-Concassé dazu schütten. Ebenso den gehackten Basilikum. Wein hinzu schütten. Und 15 Minuten köcherln lassen. Immer etwas Wein nachschütten. Nun die Gemüse mit der Pasta und der Sauce mengen und in ausgebutterte, feuerfeste Form geben. Immer wieder mit Parmesan überschneien.
Im Ofen bei 250 Grad Mittelhitze ausbacken – etwa 10 Minuten.

L'Assiette rouge

1 Pfund Erdbeeren,
400 g Erdbeer-Glace,
4 Rosen, 300 g Zucker

Geputzte Erdbeeren halbieren, zuckern und zwei Stunden ziehen lassen. In Pfanne geben und 10 Minuten unter Rühren köcherln lassen. Nun mit Mixer pürieren und Saft durchs Haarsieb stossen. Die Cully erkalten lassen. (Man kann solche Cully gut einen Monat im Eiskasten aufbewahren und somit vorbereiten.)
Teller mit roter Sauce (Cully) ausnappieren. Glace darauf anrichten. Und die Rose neben die Glace legen.

Risotto con asparagi
Gefüllter Blumenkohl «Hugo»
Mousse de Branchli

1 Kilo Spargeln,
2 Tassen Risotto-Reis
(Vialone),
150 g Parmesan,
50 g Butter

Risotto con asparagi
Spargeln rüsten, in fingerdicke Stücke schneiden und in einer Salz-Zucker-Wasser-Mischung mit etwas Butter al dente kochen. Herausnehmen. Sud aufbewahren. Risotto-Reis mit 6 Tassen Spargel-Sud aufsetzen und köcheln lassen. Nach 20 Minuten wieder etwas Sud hinzufügen, ebenso den Parmesan und konstant rühren. Schliesslich die Butter dazu geben und nochmals drei Minuten auf grossem Feuer unter ständigem Rühren kochen lassen. Nun Spargelstücke unter den Risotto mengen und anrichten.

Gefüllter Blumenkohl «Hugo»

1 schöner Blumenkohl,
400 g Kalbsbrät-Kügeli,
Safran, Peterli,
1 El Mehl, 30 g Butter,
1,5 dl trockener
Weisswein, 1 dl Rahm,
50 g Emmentaler,
Salz, Muskat, Pfeffer

Blumenkohl-Krone aushöhlen. In Salzwasser den ausgehöhlten Blumenkohl al dente kochen.
Butter zergehen lassen, Mehl hinzufügen, gut rühren und mit Weisswein und Rahm ablöschen. Mit Salz, etwas Muskat und Pfeffer sowie Safran würzen.
Brät-Kügeli in die Sauce geben – drei Minuten köcheln lassen und in ausgehöhlten Blumenkohl, den man in feuerfeste Schüssel gibt, abfüllen, mit Emmentaler überschneien und im vorgeheizten Ofen bei 250 Grad fünf Minuten ausbacken.

Mousse de Branchli

200 g Schoggibranchli dunkel, 100 g hell, 4 Eiweiss, 2 dl Rahm, 3 Blatt Gelatine, etwas Kirsch

Schoggibranchli bei kleinem Feuer mit dem Kirsch in Pfännchen geben und unter ständigem Rühren zu einer Crème auflösen. Gelatine aufweichen und in die heisse Schoggi geben, wo sie sich ebenfalls auflöst. Crème nun abkühlen lassen.
Eiweiss steif schlagen. Rahm ganz dick schlagen. Schoggi-Masse mit Rahm sorgfältig mischen und unter den Eischnee ziehen. Die Masse nun an einem kühlen Ort 12 Stunden ruhen lassen.

Crème d'Asperges
Kalbskoteletten «Peter I.»
Mousse de Fraises

Crème d'Asperges

1 Kilo Spargeln,
1 dl Rahm, 1 Ei, Zucker,
Salz, etwas Butter,
1 Esslöffel Maizena

Gerüstete Spargeln in genügend Wasser, das man im Verhältnis 1:1 mit Salz und Zucker sowie mit einem Stück Butter gewürzt hat, während einer halben Stunde auskochen. Herausnehmen. Köpfe auf die Seite legen – die können wir beim nächsten Gang als Décors benutzen.
Spargelwasser auf einen Liter reduzieren, ein Tässlein abschöpfen und Maizena darin aufrühren. Zum Spargelwasser geben. Die weichen Spargelstengel in feine Stücklein schneiden und unter die Suppe geben. Suppe aufkochen – und am Schluss den Rahm, den man mit einem Eigelb verrührt hat, darunter ziehen. Nicht mehr aufkochen.

Kalbskoteletten «Peter I.»

4 schöne Kalbskotelettes,
2,5 dl Crème Gruyère,
150 g Emmentaler in 4 Scheiben,
Salz, Pfeffer

Kalbskoteletten auf einer Seite in Bratpfanne anbacken. In feuerfeste Form geben – mit angebratener Seite unten. Auf die rohe Seite verteilen wir die Crème Gruyère sowie die vier Emmentaler Scheiben.
Im vorgeheizten Ofen bei 250 Grad Mittelhitze etwa 20 Minuten backen lassen.
Auf Teller anrichten und mit Spargelköpfen zusammen garnieren.

Mousse de Fraises

400 g Erdbeeren, 3 Blatt Gelatine, 2,5 dl Rahm, 6 Eiweiss, 50 g Zucker

Erdbeeren rüsten und zuckern. Dann mixen (pürieren) und in einer Pfanne aufkochen. Die eingeweichte Gelatine darunter geben und nochmals drei Minuten köcherln lassen. Vom Feuer nehmen. Rahm dick schlagen. Eiweiss zu festem Schnee schlagen. Erdbeer-Sauce mit Rahm vermengen. Eischnee nun sorgfältig unter das Rahm/Erdbeergemisch ziehen – in Schüssel geben und an kühlem Ort mindestens 12 Stunden ruhen lassen.

Salade de la Mer «Grethi»
Spaghettata all'Italiana
La Zuppa delle fragole

Salade de la Mer «Grethi»

400 g Flundern-Filets,
200 g Crevetten
(gekocht), 1 Zitrone,
Olivenöl,
1 Glas Weisswein,
Butter, Salz,
Zitronenpfeffer,
4 Stück Weissbrot

Flundern-Filets in Butter anziehen und mit Weisswein ablöschen, salzen, pfeffern – etwa fünf bis zehn Minuten köcherln lassen, so dass der Fisch zerfällt.
Samt Jus in Gefäss geben und abkühlen lassen.
Dill fein schneiden und dazuschütten. Crevetten ebenfalls dazumengen – mit dem Saft einer Zitrone alles überregnen – und mit fünf Esslöffel Olivenöl würzen. Sorgfältig mengen.
Weissbrot mit Butter bestreichen, wenig salzen und in vorgeheiztem Zwischenofen zehn Minuten ausbacken.
Salat auf Teller anrichten, mit Zitronenscheiben ausgarnieren und die warme Brotschnitte, auf die man ganz wenig fein geschnittene Dill-Härchen gibt, daneben legen.

Spaghettata all'Italiana

1 Pfund Hackfleisch
(Rind), 1 Zwiebel,
2 Knoblauchzehen,
Olivenöl, 500 g «Pellati»
(geschälte lange
Sammarzani-Tomaten –
in Büchsen),
1 Staude Basilikum,
2 Rüebli,
halber Sellerie,
Rotwein (3 dl),

Rüebli und Sellerie würfeln. Knoblauch und Zwiebeln fein schneiden. Dies alles in heissem Olivenöl anziehen und Fleisch wie auch die Sammarzani dazugeben. Rühren. Nun Bouillonwürfel hineingeben, ferner salzen und pfeffern – mit drei Glas Rotwein und etwas Wasser ablöschen. Auf kleinem Feuer vier Stunden köcherln lassen – immer wieder etwas Flüssigkeit nachschütten. Vor dem Anrichten den feingehackten Basilikum darunterziehen.

2 Fleischbrühwürfel, Salz, Pfeffer, 1 Pfund Spaghetti (Hartweizen, ohne Eier), Parmesan	Spaghetti in kochendes Salzwasser geben. Dem Wasser einen Gutsch Olivenöl befügen. Sind die Teigwaren «al dente», Spaghetti herausnehmen, abtropfen und mit einem Esslöffel Olivenöl übergiessen. Die Teigwaren nun in grosse Schüssel geben, Sugo darüberschütten und sorgfältig mengen – in Suppenteller anrichten. Und mit etwas Parmesan, den man frisch vor den Gästen raffelt, überschneien.

La Zuppa delle fragole

1 Pfund Erdbeeren, 150 g Zucker, halbe Zitrone, halben Liter Chianti	Erdbeeren putzen und halbieren. Mit Zucker bestreuen. Und zwei Stunden ziehen lassen. Nun gibt man den Saft einer halben Zitrone hinzu und schüttet den Wein über alles. An einem kühlen Ort etwa vier Stunden ziehen lassen. In Suppentellern oder «Schäleli» servieren – dazu Panetone.

Il pane ripieno
Schungge-Pudding alla Dalbe
Les Primes-Roses

1 schönes Formenbrot,
60 g Butter, Olivenöl,
200 g Suppenfleisch
gekocht und gewürfelt,
2 Karöttchen gekocht
und gewürfelt, 2 harte
Eier fein gescheibelt,
5-6 Spargeln, gekocht
und erkaltet, Peterli,
1 Zitrone, Weinessig,
1 kleine Zwiebel,
5 Blatt Basilikum
(fein gehackt, frisch)

Il pane ripieno

Deckel von Formenbrot sorgfältig wegschneiden. Weichteil des Brotes herausschneiden. Rand ausbuttern. Auf den Boden zwei Esslöffel Olivenöl und die Basilikum-Blätter geben – und im Ofen bei 250 Grad Mittelhitze während 10-15 Minuten ausbakken.
Aus Suppenfleisch, Eiern, Rüebli, in Stückli geschnittenen Spargeln, gehackter Zwiebel, gehacktem Peterli einen Salat komponieren, den man mit Zitronensaft und Weinessig überregnet und mit kaltgepresstem Olivenöl würzt.
Kein Salz. Kein Pfeffer!
Den Salat 10 Minuten ziehen lassen und ins heisse, knusprige Formenbrot abfüllen – mit Zitronenscheiben die Brotpastete ausgarnieren. Und in Scheiben schneiden.

Schungge-Pudding alla Dalbe

200 g stark
geräucherter
Beinschinken, 5 Eier,
1 Esslöffel Maizena,
1 dl Rahm, Butter, Salz,
Pfeffer, Muskat

Beinschinken durch Fleischwolf drehen. Drei Eigelb und zwei ganze Eier gut verrühren. Maizena mit Rahm verrühren und unter die Eimasse mengen. Schinkenmasse hinzugeben. Alles gut mengen.
Vier Pudding-Förmchen (kein Plastik!) ausbuttern. Masse hineinschütten. Ins Wasserbad geben und mit Folie zugedeckt während 30 Minuten bei 250 Grad Hitze ziehen lassen – dann Deckfolie wegnehmen. Und abgedeckt nochmals 5-10 Minuten ausbacken.
Wenn sich der Pudding oben leicht von der Form löst und die Oberfläche fest ist, kann man ihn warm stürzen. Dazu Salate!

Les Primes-Roses

500 g Erdbeeren,
100 g Zucker,
4 Blatt Gelatine,
2,5 dl Rahm

Erdbeeren rüsten, fein scheibeln und zukkern – zwei Stunden (mindestens) ziehen lassen. Etwa 100 g von den Erdbeeren auf die Seite legen und in vier Dessertschalen verteilen.
Die anderen auf Feuer geben und kochen. Fünf Minuten köcherln lassen und mit Stabmixer pürieren. Gelatine einweichen und nun unter die Masse geben – nochmals eine Minute köcherln lassen. Und 10 Minuten ins Kühle stellen.
Rahm dick schlagen. Nun vier Fünftel der leicht angekühlten Erdbeesauce darunter ziehen. Und in die Glasschälchen geben. Zwei bis drei Stunden kühl stellen.
Die restliche, nun dicke, erkaltete Erdbeersauce vor dem Servieren über den Schäleli anrichten.

Les Œufs de Paris
Bresaola di Valtelina
Les Pêches en sirop

4 Eier, 2 dl Rahm,
1 Lauchstengel,
1 kleine, junge Zwiebel,
etwas Schnittlauch,
4 Scheiben Toastbrot,
Butter, Salz, Pfeffer,
1 dl Weisswein,
1 Kaffeelöffel Maizena,
200 g Beinschinken
gewürfelt, Essig

Les Œufs de Paris

Leicht gesalzenes Essig-Wasser (eine Tasse Essig auf eine Pfanne voll Wasser) kochen. Flamme klein stellen und nun die vier Eier sorgfältig ins Essigwasser geben. Nach drei Minuten heraussieben.
Toastscheiben in heisser Butter drehen.
Lauchstengel, Zwiebel und Schnittlauch feinhacken, in Butter anziehen, würzen. Schinken hinzugeben. Mit Weisswein ablöschen. Maizena in etwas Rahm auflösen. Rahm über Schinken-Gemüse geben. Ebenso Maizena-Rahm-Lösung. Und drei Minuten köcherln lassen. Eier auf Toastscheiben anrichten. Und mit der Schinken-Lauch-Sauce nappieren.

300 g Bündnerfleisch
oder Mostbröggli –
feingeschnitten,
200 g Champignons,
200 g Parmesan,
Pfeffer, Zitronen,
Olivenöl (extra vergine)

Bresaola di Valtelina

Bündnerfleisch auf vier Teller sorgfältig ausbreiten. Rohe Champignons mit Zitronensaft beträufeln und feingescheibelt über das Fleisch geben. Mit Pfeffermühle über das Ganze pfeffern.
Parmesan mit Kartoffelschäler in hauchfeine Scheiblein scheibeln und die Käsesplitter ebenfalls über die Teller schneien.
Nun mit dem Saft einer Zitrone das Ganze würzen. Und mit Olivenöl überträufeln.

4 Pfirsiche (rote, nicht zu weich), halbe Tasse Zucker, 3 dl Weisswein, 1 Gewürznelke, eine Handvoll Backpflaumen (entsteint)

Les Pêches en sirop

Die Pfirsichhaut mit spitzem Rüstmesser vier Mal einschneiden, so dass sie sich später gut löst. Wein und Zucker in Pfanne geben. Ebenso Gewürznelke und Backpflaumen. Aufkochen und die Pfirsiche ganz in die Flüssigkeit legen. Etwa zehn Minuten sieden lassen. Pfirsiche herausnehmen. Unter kaltem Wasser (Brause!) abkühlen und die Häute sorgfältig entfernen. Die ganzen, geschälten Früchte nun in eine Schale geben. Gewürznelke aus dem Sirup nehmen und diesen über die Pfirsiche nappieren. Um die Pfirsiche herum die weichen Backpflaumen betten.

Les Roulades de Sole
Omelette d'Eté
Brennti Crème «Trudy Gysin»

Les Roulades de Sole

4 Sole-Filets,
2 Tranchen Saumon fumé, Dill, Weisswein, Butter, Salz, Pfeffer,
1 Zitrone

Saumon-Tranchen halbieren. Auf Sole-Filets legen. Und zu Rouladen wickeln. In niedere Pfanne legen. Mit halb Weisswein, halb Wasser auffüllen (bis die Rouladen gedeckt sind). Salzen, pfeffern. Und fünf bis zehn Minuten sieden lassen.
Wasser-Wein-Sud abschütten. Ein Tässchen davon übriglassen und in Saucepfanne geben, erhitzen, Weisswein hinzuschütten und Butter stückweise hinzugeben. Gut rühren. Und mit Salz, Pfeffer abschmecken.
Frisch geschnittene Dill-Härchen hinzugeben.
Sauce nun über die Sole-Rouladen nappieren. Dazu Trockenreis. Oder das Ganze auf einem Blattspinat-Bett anrichten.

Omelette d'Eté

4 Eier,
halbe Tasse Mehl,
1 Boursin-Käse (80–100 g),
200 g frische Erbsen,
100 g junge Karöttchen,
1 Rüebkohl,
250 g Bohnen,
Bouillon, Butter

Eier gut verrühren. Einen Gutsch Wasser sowie das Mehl hinzuschütten – ebenso einen halben Löffel mit Öl. Wieder gut rühren. Und etwa zehn Stunden stehenlassen.
Nun den Teig leicht salzen, pfeffern, Boursin dazugeben – heftig rühren.
Die Gemüse in der Bouillon al dente kochen, abtropfen und die Hälfte davon zerkleinert in den Omelette-Teig geben.
In Omelette-Pfanne Butter erhitzen und so vier Omelettes ausbacken. Diese mit dem Rest Gemüse füllen. Und servieren.

Brennti Crème «Trudy Gysin»

8–10 Eier,
6 Esslöffel Zucker,
1 l Milch

Eigelb vom Eiweiss trennen. Und die Eigelb gut verrühren. Zucker mit Milch aufkochen und an die Eigelb schütten. Die ganze Masse nochmals in die Pfanne geben und aufs Feuer stellen, ohne dass sie kochen darf, da die Crème ansonst flockig wird. Nun in die Schüssel geben und erkalten lassen.
Wenn die Crème erkaltet ist, mit Schwingbesen gut verrühren. Die Eiweisse zu Schnee schlagen und unter die Crème ziehen. An kühlem Ort drei Stunden ruhen lassen – und schliesslich servieren.
PS. Gut schmeckt die «Brennti» auch auf halben, geschälten Birnen, die in Weisswein mit etwas Zucker al dente gekocht worden sind.

Salade de la Mer
Les Chanterelles Royales
Champagner-Crème «Paulette»

200 g Crevetten,
frisch gekocht,
200 g Baudroie,
50 g Saumon fumé,
Kopfsalat-Blätter
(klein), 1 Tomate,
100 g Champignons,
2 Zitronen,
1 Sträusslein Dill,
Olivenöl (kalt gepresst),
Salz, Zitronenpfeffer,
1 Glas Weisswein

Salade de la Mer

Baudroie mit etwas Butter in Bratpfanne geben. Auf beiden Seiten kurz backen und mit Weisswein ablöschen. Jetzt erst salzen. Pfeffern. Etwa fünf Minuten ziehen lassen. Und kalt stellen.
Wenn der Fisch erkaltet ist, das Fleisch in kleine Stücklein schneiden.
Tomate rasch in heisses Wasser geben. Und Haut abziehen. Nun das Tomaten-Fleisch in Lamellen schneiden. Und die Champignons, die man sofort mit etwas Zitronensaft beträufelt.
Dill-Spitzen abschneiden. Etwas Salz im Saft einer ganzen Zitrone auflösen. Mit den Dill-Spitzen in eine Schüssel geben. Fische, Tomaten, Crevetten und Saumon sowie die Champignons in Schüssel schütten. Mit Olivenöl übergiessen. Und sorgfältig vermengen. Eventuell nachwürzen.
Salatblätter mit etwas Zitronensaft und Olivenöl würzen. Auf Teller auslegen. Und Salat darauf anrichten.
Mit Zitronenscheiben und einem Dill-Ästchen ausgarnieren.

400 g Eierschwämme,
4 Scheiben Weissbrot,
feingehackter Peterli,
1 feingehackte Zwiebel,
Butter,
ein halbes Glas Weisswein, Salz, Pfeffer

Les Chanterelles Royales

Eierschwämme rüsten. Und unter der Brause waschen. Brotscheiben in heisser Butter auf beiden Seiten rösten. In einer Gusseisenpfanne Zwiebeln in Butter anziehen, Eierschwämme hinzugeben, salzen und pfeffern und so etwa sechs bis zehn Minuten auf kleinem Feuer ziehen lassen. Nun mit Weisswein ablöschen und den Peterli dazugeben. Sorg-

fältig rühren. Und eine Minute auf grossem Feuer köcherln lassen.
Die Eierschwämme auf Brotscheiben anrichten. Eventuell mit Tomaten-Lamellen oder Peterli ausgarnieren.

Champagner-Crème «Paulette»

3 dl Schaumwein (Vin mousseux, Spumante, Sekt), 200 g Zucker (wenn der Schaumwein süsslich ist, entsprechend weniger), 7 Eigelb, 2 Blatt Gelatine, 2 dl Rahm, 4 Löffel-Biscuits

Gelatine in Wasser einweichen. In wenig kochendem Wein auflösen. Schaumwein mit Zucker erwärmen. Eigelb schaumig schlagen.
Die aufgelöste Gelatine in den Weisswein geben. Gut rühren. Wieder etwas erhitzen. Vom Feuer nehmen. Ins Wasserbad stellen. Und nun die Eigelb darunter rühren.
Im Wasserbad gut fünf Minuten mit dem Schwingbesen rühren. Crème erkalten lassen. Den geschlagenen Rahm darunter mengen.
Man kann die Crème auch ohne Rahm als kalte Sabayone in hohe Gläser abfüllen. Mit Löffel-Biscuits servieren.

Melonensuppe
Basler Gschnätzlets «Karl Wild»
Le Gratin de la Saison

2 gute, reife Melonen,
Zitronenmelisse, 1 Glas
Sherry, Eiswürfel,
Crème double de
Gruyère

Melonensuppe

Melonen halbieren. Kerngehäuse entfernen. Fleisch sorgfältig aus der Schale schaben. Schalen waschen. Und auf die Seite stellen. Mit Sherry, 4 Eiswürfeln, 1 dl Crème Gruyère und ein paar feingehackten Zitronenmelissenblättern die Melonenstücke mixen. Die Melonenschalen auf Schäleli betten, in die man Eiswürfel legt. Die Suppe in die Schalen abfüllen. Mit einem Spritzer Crème Gruyère garnieren und zwei Zitronenmelissenblätter in die Mitte legen.

Basler Gschnätzlets «Karl Wild»

600 g Rindfleisch
geschnetzelt,
1 Zwiebel,
1 Knoblauchzehe,
2 Esslöffel Öl, 1 Esslöffel
Tomatenpüree,
1 Esslöffel Mehl,
1 Fläschli Warteck
«ALT» (2,9 dl), eine Prise
Salz, 1 Bouillon-Würfel,
Paprika, Pfeffer,
4 Esslöffel Rahm

Das Rindfleisch in Öl anbraten. Ebenso braten wir die Zwiebel (in Streifen geschnitten) und den Knoblauch (fein gehackt) mit. Tomatenpüree mit anziehen, und alles mit dem gerösteten Mehl bestäuben.
Mit Warteck ablöschen, Bouillonwürfel, Salz und Gewürze beigeben und eine halbe Stunde köcherln lassen. Eventuell Wasser nachschütten.
Vor dem Servieren geben wir zum Abbinden der Sauce den Rahm hinzu.

Le Gratin de la Saison

2 Pfirsiche,
400 g Himbeeren,
2 Eigelb, 2 dl Rahm,
Zucker, Framboise,
Puderzucker,
100 g Mandelsplitter

Pfirsiche mit spitzem Rüstmesser einritzen. Und in wenig Zuckerwasser (etwa ⅔ gedeckt) 5 bis 10 Minuten köcherln lassen. Wichtig ist, dass Sie schöne, feste Pfirsiche aussuchen. Sie dürfen nicht «möltsch» sein. Nun kann man sie aus dem Sud nehmen. Unters kalte Wasser geben. Und die Haut einfach abstreifen. Pfirsiche nun in zwei Hälften teilen. Steine entfernen. Und die vier Pfirsich-Hälften in ausgebutterte, feuerfeste Form geben. Himbeeren darum herum streuen. Alles mit wenig Framboise parfümieren. Flüssigen Rahm mit Eigelb und etwas Pfirsich-Jus sowie wenig Zucker gut verrühren. Über das Ganze schütten und im vorgeheizten Ofen bei 250 Grad Mittelhitze 5 Minuten backen und bei 250 Grad Oberhitze nochmals 5 Minuten gratinieren.

In der Zwischenzeit Mandelsplitter in Teflon-Pfanne mit wenig Butter braun rösten. Über den heissen Gratin streuen. Und mit Puderzucker überschneien.

Insalata di Spaghetti
Zucchini ripieni
Les Framboises en neige

Insalata di Spaghetti

250 g Nicht-Eier-Spaghetti,
2 Bouquets Basilikum,
1 Knoblauch,
50 g Pinienkerne,
50 g Parmesan (am Stück),
2-3 Tomaten (geschält),
Olivenöl,
Weinessig, Salz

Spaghetti in brodelndem Salzwasser, in das man einen Gutsch Olivenöl gegeben hat, al dente kochen.
Aus dem feingehackten Basilikum, dem gepressten Knoblauch und den gehackten Pinienkernen sowie Salz und Olivenöl eine «salsa», eine Art Sauce, mischen.
Tomaten in kleine Würfel schneiden. Parmesan mit Kartoffelschaber in dünne Scheiben scheibeln.
Die abgetropften Spaghetti in eine Schüssel geben, die «salsa» darüber schütten und sorgfältig mengen. Jetzt drei bis vier Esslöffel Weinessig beigeben. Leicht pfeffern. Und Tomaten wie Parmesan beimengen (nach Belieben noch etwas salzen). Und nochmals gut mengen.
So fünf Minuten ziehen lassen und den Spaghetti-Salat «tiepido» (also lauwarm) in Suppentellern servieren.
Mit Basilikum-Blättern und Tomatenscheiben ausgarnieren.

Zucchini ripieni

4 kleine Zucchetti, 200-300 g (je nach Grösse der Zucchini)
Gehacktes, 1 Zwiebel,
Rosmarin, Knoblauch,
Salz, Pfeffer, 1 Tomate (geschält), 1 Glas Rotwein, Fett,
1 feuerfeste Form

Zucchetti sorgfältig mit spitzem Messer aushöhlen. (Man kann sie auch halbieren und dann aushöhlen. Es ist so einfacher.)
In heissem Fett oder Öl die gehackte Zwiebel anziehen, Knoblauch hinzugeben und das Gehackte anbraten. Mit Rosmarin, Salz, Pfeffer und einem Glas Rotwein würzen. Die fein gewürfelte Tomate darunter geben. Und mit der Masse die Zucchetti füllen. Diese mit etwas Olivenöl übergiessen, auf ausgebutterte,

feuerfeste Form geben und im Ofen mit Alufolie zugedeckt etwa 20 Minuten bei 250 Grad backen lassen.

Les Framboises en neige

4 Eiweiss, 8 Löffel Puderzucker,
400 g Himbeeren,
1 Gratinform

Eiweiss zu Schnee schlagen und langsam den Puderzucker beifügen, so dass eine rohe Méringuage entsteht.

In die weisse, zähflüssige Masse geben wir nun die Himbeeren, rühren das Ganze einmal sorgfältig mit einem Löffel und schütten alles in eine feuerfeste Form.

Im Ofen bei Oberhitze wird der Gratin etwa 10 Minuten ausgebacken, so dass er einen goldbraunen Deckel bekommt.

La Crème de petits pois
Fleischkuchen alla Dalbe
Himbeer-Cake «Milenkaja»

La Crème de petits pois

1 Pfund ausgepulte Erbsen (frisch), Salz, Zucker, etwas Butter, Zitronenmelisse, 1 dl Rahm

Erbsen in Salzwassser, dem man fünf Esslöffel Zucker sowie ein gutes Stück Butter beigefügt hat, eine Minute köcherln lassen. Absieben. Und im Mixer mit etwas Sud gut vermixen. Flüssigkeit durchs Sieb in Pfanne geben und mit etwas Butter aufkochen. Rahm schlagen. Zitronenmelisse fein hacken. Suppe sollte lauwarm serviert werden. Also in Tassen abfüllen. Mit einem Tupfer Rahm und den gehackten Melissenblättern garnieren. Die Suppe sollte dickflüssig sein – man kann sie aber (wer sie nicht allzu dick mag) mit dem Sud verdünnen.

Fleischkuchen alla Dalbe

500 g Kuchenteig, 400 g Gehacktes (gemischt), 1 Zwiebel, 2 Salzgurken, 100 g Champignons, Salz, Zucker, Essig, 1 Handvoll Rosinen

1 dl Essig mit zwei Esslöffel Zucker verrühren. Rosinen hineingeben. Salzgurken kleinstückeln. Zwiebel «schnätzeln». Und das Gehackte in die in Öl angezogene Zwiebel geben. Eine Minute anbraten. Salzen. Champignons ebenfalls hinzugeben. Und nach dem Anbraten abkühlen lassen. Nun Blätterteig auswallen. Einen Teil im Wähenblech auslegen. Den andern Teil für den Kuchendeckel behalten. Die Fleischmasse nun mit den Rosinen und dem Essig würzen. Zucker nachstreuen. Und den Fleischteig kosten – er sollte süss-sauer schmecken. Nun alle Zutaten gut mengen und auf den Kuchenteig geben. Deckel darüberlegen und mit dem «Teig-Unterteil» zusammenkneten. Im Ofen bei Mittelhitze und 250 Grad während 30 bis 40 Minuten ausbacken. Dazu serviert man Salat.

Himbeer-Cake «Milenkaja»

1 Pfund Himbeeren, 300 g Zucker, 6 Eier, ½ l Milch, 1 Beutelchen Vanillezucker

Eier gut verrühren. Himbeeren (einige legt man zur Dekoration auf die Seite) mit Zucker aufkochen. Und durchs Sieb stossen. Milch mit Vanillezucker aufkochen. Vom Feuer nehmen und mit der Eimasse vermengen. Nun den Himbeersaft hinzugeben. Alles gut verrühren und in Cake-Form abfüllen. Im Wasserbad im Ofen bei 170 bis 180 Grad während zwei Stunden mit Alufolie zugedeckt dicken lassen. Dann zehn Minuten abgedeckt ausbacken (ebenfalls bei 180 Grad). Erkalten lassen. Stürzen. Und mit Himbeeren ausgarnieren.

Les Citrons «Dino e Pino»
Fleischkiechli «Basler Art»
The blue Cream

Les Citrons «Dino e Pino»

4 grosse Zitronen
250 g Thon,
100 g Magerquark,
3 Esslöffel Mayonnaise,
dunkle Vollkorn-
Brotscheiben,
Butter

Zitronendeckel abschneiden, Zitrone unten flach schneiden – und aushöhlen. Thon mit Quark, Mayonnaise und dem Saft von zwei Zitronen pürieren. Würzen nach Belieben (Rosenpaprika, etwas Salz, ein Paar Kapern). Brotscheiben mit Butter bestreichen. Die Thonmasse in Zitronen abfüllen – mit Deckel schliessen. Und Brotscheiben dazu servieren.

Fleischkiechli «Basler Art»

400 g Gehacktes (gemischt), 1 grosse Zwiebel (grob gehackt), Peterli, Salz, Pfeffer, Muskat, 2 alte Schwöbli, etwas Milch, 1 Knoblauchzehe, Öl, etwas Mehl

Schwölbli in Milch einweichen und durch den Fleischwolf drehen. Zwiebeln in Butter anziehen. Und zur Fleischmasse geben. Nun auch Schwöbli-Masse hinzuschütten – salzen, pfeffern, mit Muskat abschmecken und die fein gehackten Peterli-Stüdeli sowie die gepresste Knoblauchzehe hinzugeben. Gut mengen und Fleischkiechli formen. Diese in etwas Mehl wenden. Und in heissem Öl ausbacken.

The blue Cream

300 g Heidelbeeren,
1 Tasse Zucker,
1 Gutsch Gin,
2,5 dl Rahm,
etwas Zucker,
2 Blatt Gelatine

Von den Heidelbeeren legen wir einige zur Dekoration auf die Seite. Den Rest geben wir mit dem Zucker in eine Pfanne, kochen das Ganze auf, schütten etwas Gin hinzu und passieren alles durch das Sieb.
Den dunklen Saft kochen wir noch einmal auf und geben die zwei Blatt Gelatine, die wir vorher in Wasser eingeweicht haben, hinzu, bis sie aufgelöst sind. Nun geben wir nochmals einen Schluck Gin zum Saft, schlagen den Rahm steif und mischen die blaue Sauce sorgfältig darunter.
In die Kühle stellen und drei Stunden stehen lassen.
Mit den Heidelbeeren ausgarnieren.

Fettucine al salmone
Paillard de veau con limone
Mousse d'abricots

Fettucine al salmone

250 g breite Nudeln,
150 g saumon fumé,
ein halbes Glas Gin,
50 g Parmesan,
2 dl Rahm, Salz,
Pfeffer

Saumon fumé in kleine Stücklein schneiden. Mit dem Gin marinieren und etwa zwei bis drei Stunden ziehen lassen.
Nun alles in ein Pfännchen geben, den Rahm hinzuschütten und auf kleinem Feuer erhitzen. Wenig salzen. Und pfeffern.
Nudeln in kochendem Salzwasser (dem man einen Gutsch Öl hinzufügt) kochen. Und abtropfen lassen – sie dürfen jedoch nicht allzu trocken sein. Man gibt sofort den Parmesan dazu, mengt alles sorgfältig und schüttet nun die heisse Salm-Rahm-Sauce nach – wieder mit einer Holzkelle alles gut vermengen.
Nun richtet man die Portionen in einen vorgewärmten Suppenteller an und garniert die Spitze (je nach Geldsack) mit einem Tupfer Kaviar, mit einem Peterli-Bouquet oder mit einem kleinen Röllchen saumon fumé.

Paillard de veau con limone

4 dünne
Kalbs-Paillards,
1 Zitrone, Salz, Pfeffer,
Butter, wenig Öl,
1 Gläschen Weisswein,
Estragon

Die dünnen Fleischstücke salzen und pfeffern. Öl erhitzen. Und sie auf beiden Seiten zwei Minuten braten.
In einem Pfännchen etwa 40 g Butter zergehen lassen, den Saft der halben Zitrone sowie einen Gutsch Weisswein hinzuschütten und erhitzen. Wenig salzen und pfeffern – etwas Estragon beigeben.
Die Paillards auf Teller geben. Mit einer Zitronenscheibe ausgarnieren. Und die Sauce darüber nappieren.

Mousse d'abricots

1 Pfund Aprikosen,
2,5 dl Rahm,
4 Blatt Gelatine, etwas Aprikosenschnaps,
1 Tasse Zucker

Aprikosen entsteinen und in wenig Wasser weich kochen.
Vom Feuer nehmen und pürieren.
Gelatine einweichen. Das Aprikosen-Püree aufs Feuer geben, Zucker beifügen sowie einen Gutsch Aprikosenschnaps. Aufkochen lassen und Gelatine beigeben. Gut rühren, bis sich die Gelatine aufgelöst hat.
Nun abkühlen lassen. Immer wieder rühren. Rahm steif schlagen. Unter die nun laue Masse ziehen. Und alles drei Stunden im Eiskasten ruhen lassen.

Zuppa di Zucchini
Fleischkääs-Schnittli
Salade de Pommes «Haeberlin»

Zuppa di Zucchini

1 Pfund kleine Zucchetti, Dill, 2 Eigelb, 1 dl Rahm, Bouillon, 1 Glas Weisswein

Zwei Drittel der Zucchetti in kleine Stücke schneiden und in wenig Bouillon (etwa 3 dl) weichkochen.
Ein Drittel der Zucchetti in Würfel schneiden und separat in derselben Bouillon al dente kochen. Auf die Seite legen.
Nun die ersten Zucchetti pürieren und mit der Bouillon gut verrühren. Feingehackter Dill darunter geben sowie ein Glas Weisswein – mit Salz und Pfeffer nachwürzen.
Die beiden Eigelb mit Rahm gut verrühren. Zucchini-Bouillon aufkochen und Rahm-Ei-Gemisch darunterziehen – nochmals erhitzen. Aber nicht aufkochen, da die Eier sonst flockig werden.
Die Zucchini-Stückchen in die Suppe geben und anrichten.

Fleischkääs-Schnittli

4 fingerdicke Tranchen Rosinen-Fleischkäse (bei Itin – es geht aber auch gewöhnlicher Fleischkäse), 1 Tasse Rosinen, Madère, 1 Zitrone, Butter, schwarzer Pfeffer, Paniermehl, 1 Ei

Die Fleischkäse-Tranchen halbieren. Die eine Hälfte baden wir im gut verrührten Ei (das wir leicht gepfeffert und gesalzen haben) und wenden es im Paniermehl. Im Butter-Margarine-Gemisch ausbacken.
Die andere Hälfte geben wir in heisse Butter und braten sie auf beiden Seiten schön braun. Pfeffern. Nun schütten wir Rosinen darüber, die wir vorher eine Stunde in Madère eingelegt haben. Und löschen mit dem Madère ab.
Mit Zitronenscheiben ausgarnieren. Dazu Trockenreis.

Salade de Pommes «Haeberlin»

2 Granny-Smith-Äpfel,
2 Zitronen, Zucker,
2 Esslöffel kandierter
Ingwer, weisser Pfeffer,
Calvados, 3 Esslöffel
Honig, 2 Tassen
Brombeeren

Äpfel schälen. Halbieren. Und Kerngehäuse sorgfältig entfernen. Sofort mit Zitronensaft beträufeln.
Nun die halben Äpfel in hauchdünne Lamellen schneiden – aber so, dass die Apfelform bleibt. Je einen halben, geschnittenen Apfel auf den Teller geben.
Ingwer fein hacken. Über Äpfel schneien.
Honig im Saft von einer Zitrone auflösen, etwas Zucker beigeben und mit einem zünftigen Gutsch Calvados verfeinern. Gut rühren.
Und die Sauce über halben Äpfeln nappieren.
Mit den Brombeeren die Teller ausgarnieren.

Insalata Caprese
Mousse de poissons
Basler Brombeeriwaije

4 schöne, reife Tomaten vom Märt (wenn möglich einheimische oder fleischige italienische), 2 Mozzarelle, 1 Bouquet Basilikum, Olivenöl, Salz, Pfeffer, Zitrone

Insalata Caprese

Tomaten in halbzentimeterdicke Scheiben schneiden. Basilikum-Blätter waschen und grob hacken. Die Tomaten-Rädlein auseinandernehmen, salzen, pfeffern und jedes Rädlein mit Basilikum würzen.
Mozzarella in dünne Scheiben schneiden. Ebenfalls auf die Tomaten legen. Nochmals salzen, pfeffern, mit Zitronensaft alles überträufeln und mit Olivenöl übergiessen.

400 g Flundernfilets, 1 kleiner Spinatwürfel (tiefgefroren), 100 g Emmentaler, 1½ Tassen dicke Béchamel, 6 Eiweiss, 3 Eigelb, etwas Butter, Weisswein, Bouillon

Mousse de poissons

Flundernfilets salzen, pfeffern und in einem Gemisch von Bouillon und Weisswein blanchieren. Nach fünf Minuten aus der Pfanne nehmen, abkühlen lassen und pürieren (wer keinen Mixer hat, kann sie mit der Gabel fein zerdrücken und durchs Sieb geben).
Spinat unter die Fischmasse geben – ebenso die drei Eigelb, die Béchamel und den geriebenen milden Emmentaler.
Eiweiss zu Schnee schlagen. Und unter die Masse mengen.
Alles in ausgebutterte Soufflé-Form geben und im vorgeheizten Ofen bei 200 Grad Mittelhitze etwa 30 Minuten aufgehen lassen.
Sofort servieren
Dazu Salat.

Basler Brombeeriwaije

400 g Kuchenteig,
1 Pfund Brombeeren,
1 Tasse Zucker, 3 Eigelb,
1,5 dl Rahm (noch besser wären 1,5 dl Milschschlämpe – aber wo gibt's die schon noch?), 1,5 dl Vollmilch,
1 Vanillestengel,
Puderzucker

Kuchenteig nicht allzu dünn auswallen und auf Wähenblech geben.

Die Hälfte der Brombeeren mit dem Zucker in einem Pfännchen aufs Feuer geben, erhitzen und etwa eine Minute köcherln lassen.

Vollmilch ebenfalls aufs Feuer geben und Vanillestengel damit aufkochen. Leicht zukkern. Und Samen aus Vanillestengel streifen. Abkühlen lassen.

Nun die Vanille-Milch mit dem Rahm und den drei Eigelb gut verrühren. Gekochte Brombeer-Masse hinzugeben. Und alles auf den Teig schütten.

Die übrigen Brombeeren darauf verteilen und im Ofen bei Mittelhitze und 220 Grad etwa 40 Minuten ausbacken.

Die Brombeeriwaije sollte lau serviert und vorher mit Puderzucker überschneit werden.

Basler Kürbissuppe
Lääberwürscht alla Greti
Les Figues en crème

Basler Kürbissuppe

500–600 g Kürbis,
3 dl Bouillon,
2 Glas Weisswein,
200 g Weissbrot,
Butter, Salz,
Cayenne-Pfeffer

Kürbisfleisch in grobe Würfel schneiden. In Bouillon und Weisswein weich kochen (etwa zehn Minuten). Eventuell etwas Flüssigkeit nachschütten. Pürieren. Und mit Salz und Pfeffer abschmecken.
Weissbrot in kleine Würfel schneiden und in Butter rösten.
Pürierte Suppe aufkochen, heiss servieren. Und mit den frisch gebackenen Brotcroûtons überschneien.
PS. Wer keine Brotcroûtons mag, kann einen Spritzer Double-Crème auf die Suppe geben.

Lääberwürscht alla Greti

8 Leberwürste mit Rosinen, 2 Zwiebeln, 3 Äpfel, 1 kg Sauerkraut, Speckwürfeli, Wacholderbeeren, etwas Kümmel, ein Stück Tüll oder Gazetuch, Bouillon, Apfelmost (oder Weinessig)

Leberwürste: Im heissen Wasser 20 Minuten ziehen lassen. Herausnehmen. Abtropfen und trocknen.
In heisser Butter Zwiebelringe von einer Zwiebel anziehen – und Leberwürste darin auf beiden Seiten je fünf Minuten braten.
Sauerkraut: Eine gehackte Zwiebel und Speckwürfeli in etwas Schmalz anziehen. Sauerkraut darauf geben. Und mit Bouillon und Apfelmost ablöschen.
In ein Gazesäcklein (oder Tüll) Wacholderbeeren und Kümmel sowie ein Lorbeerblatt wickeln. Gut verschnüren. Und dem Sauerkraut beigeben.
Äpfel schälen. Würfeli schneiden. Und diese, nachdem das Sauerkraut eine Stunde gekocht hat, hinzu geben. Nochmals eine halbe Stunde kochen lassen.
Vor dem Anrichten Gazesäcklein herausnehmen.
PS I: Man kann auch bereits gekochtes Sauer-

kraut kaufen und mit etwas Apfelmost, Weisswein oder Bouillon verfeinern. Dieses braucht man lediglich zehn Minuten aufzukochen.

PS II: Für Sauerkraut (wie schon bei Witwe Bolte nachzulesen) jedermann schwärmt, wenn es drei Mal aufgewärmt...

Les Figues en crème

10 frische, gut reife Feigen, 2 dl Rahm, Zucker, Cognac, 1 Zitrone

Feigen schälen. In Schüssel geben. Rahm steif schlagen, zuckern und mit etwas Cognac parfümieren. Die Schale einer halben Zitrone darunter rapsen. Und die Crème über die Feigen anrichten.

Les artichauts «Spillmann»
Filets de Sole sur épinards
Rosenkiechli alla Dalbe

Les artichauts «Spillmann»

4 grosse Artischocken,
150 g Crevetten,
1 dl weisse Sauce (Béchamel),
50 g Emmentaler,
2 Esslöffel Tomaten-Concassé, wenig Gin

Artischocken in viel Salzwasser, das man mit wenig Salbei parfümiert, 20–30 Minuten kochen. Herausnehmen. Die oberen Blätter entfernen. Ebenso die strohigen Fäden des Mittelteils – die untern grossen Blätter halb abschneiden. Sie werden sich im Ofen dann nach unten biegen.
Wir haben nun also den Artischockenboden. Ihn füllen wir mit der weissen Sauce, die mit etwas Gin parfümiert ist, und in die wir den Emmentaler (gerieben) sowie die Crevetten und das Tomatenmark gerührt haben.
In ausgebutterte Form geben und im Ofen bei 250 Grad Oberhitze gratinieren.

Filets de Sole sur épinards

8 Filets de Sole,
Bouillon, Weisswein,
2 Messerspitzen Safran,
2 dl Rahm, 500 g Spinat,
Butter, Salz, Pfeffer

Solefilets zu Rouladen rollen und in Kasserolle stellen. Salzen. Pfeffern. Und Bouillon sowie Weisswein hinzufügen, bis die Fische gedeckt sind. Erhitzen und etwa 7–10 Minuten ziehen lassen. Herausnehmen (die Filets bleiben formlich schöne Rouladen).
Sauce: Rahm erhitzen, etwas vom Fischfond hinzugeben, ebenso den Safran. So lange köcherln lassen, bis die Sauce sämig ist. Und über die Rouladen anrichten.
Spinat: Wenig Bouillon in grosse Pfanne geben. Spinatblätter hinzufügen und kochen. Flüssigkeit abgiessen. Und den heissen Spinat mit etwas Muskat und Butter verfeinern.
Man richtet den Spinat separat auf grossem Teller an – daneben die Solerouladen, die mit der Safransauce nappiert werden.

Rosenkiechli alla Dalbe
(werden in Basler Häusern am Sabinentag und während der Messe serviert)

2 dl Hagebuttengomfi,
2 dl Rahm, 3 Eiweiss,
4 Rosenkiechli

Vier Rosenküchlein werden im Backofen aufgewärmt. Nun schlägt man den Rahm sowie das Eiweiss steif, mengt beides sorgfältig untereinander und rührt die Buttenmostkonfitüre unter das Ganze. Am besten lässt man alles nun etwa eine Stunde im Eiskasten ruhen.

Nun wird das Rosenkiechli, das man im Ofen leicht aufgewärmt hat, auf einen Teller gegeben. Rundherum richtet man die Hagenbuttencrème an.

Patati piemontesi
Funghi porcini alla griglia
Mousse de Kaki

Patati piemontesi

2 grosse Kartoffeln,
1 grosse Mozzarella,
Salz, Pfeffer, 4 Eigelb,
1 frischer weisser
Trüffel, Butter

Kartoffeln in Salzwasser, das man mit einem Lorbeerblatt und etwas Majoran gewürzt hat, weich kochen. Herausnehmen. Halbieren. Und in eine ausgebutterte feuerfeste Form geben. Mozzarella in vier Scheiben schneiden. Die halbierten Kartoffeln mit etwas Butter bestreichen, salzen, pfeffern – Mozzarella-Scheiben darauf geben. Und im Ofen backen, bis die Mozzarella braun ist. Herausnehmen. Auf jeder heissen Kartoffel ein Eigelb anrichten – und über die ganze Köstlichkeit den weissen Trüffel raffeln.
PS. Weisse Trüffel gibt es auch konserviert in Gläsern. Oder als Trüffel-Paste. Ihr Geschmack ist noch immer recht intensiv, doch nicht mit einem frischen Trüffel vergleichbar.

Funghi porcini alla griglia

400 g schöne
Steinpilze, 50 g Butter,
1 kleine Zwiebel,
2 Knoblauchzehen,
viel Peterli

Steinpilze mit dem Bürstli säubern (kein Wasser!) und halbieren. Zwiebel ganz fein hacken. Ebenso Knoblauch und Peterli.
Butter erhitzen, Zwiebel und Knoblauch darin anziehen und Steinpilze in die Bratpfanne geben. Auf beiden Seiten etwa fünf Minuten braten. Am Schluss Peterli beigeben und nochmals ein bis zwei Minuten ziehen lassen.
Auf heissen Tellern servieren. – Dazu Risotto.

Mousse de Kaki

4 sehr reife Kaki,
4 Eiweiss, 2 dl Rahm,
Zucker, etwas Rum

Kaki schälen und Fruchtfleisch pürieren. Wenig zuckern (je nach der Süsse und Reife der Frucht) und einen Gutsch Rum beifügen. Rahm steifschlagen. Eiweiss ebenso. Zuerst Rahm unter die Kaki-Crème mengen. Dann sorgfältig das geschlagene Eiweiss. Und im Eiskasten oder an einem kühlen Ort etwa drei bis vier Stunden ruhen lassen.

Soufflé aux épinards
Filets au vin blanc et oranges
Pere cotte

Soufflé aux épinards

3 dl Béchamel (dick), 300 g gehackten Spinat, 100 g geriebenen Emmentaler, Muskat, Pfeffer, 5 geschlagene Eiweiss, 3 verrührte Eigelb, 1 Soufflé-Form mit Butter ausgerieben

Béchamel, Eigelb, Emmentaler und Gewürze mit dem Spinat gut vermengen – Eischnee sorgfältig darunterziehen und in Form geben. Bei Mittelhitze (250 Grad) im vorgewärmten Ofen 20 Minuten ausbacken.

Filets au vin blanc et oranges

8 Filetsteaks vom Kalbsfilet, die man gut 24 Stunden in trockenen Weisswein einlegt, 3 Orangen, Pfeffer, Paprika, Butter

Die Filetsteaks gut abtrocknen und in heisser Butter auf beiden Seiten anbacken. Erst jetzt salzen, pfeffern und mit Paprika bestreuen. Mit dem Jus von zwei Orangen ablöschen, ein halbes Gläslein Weisswein dazugeben, nachwürzen und fünf bis zehn Minuten leise köcheln lassen. Dritte Orange in dünne Scheiben schneiden und Kalbsfiletsteaks darauf anrichten. Sauce darüber nappieren. Dazu Trockenreis.

Pere cotte
(Ein leichtes italienisches Dessert)

Vier schöne, grosse Birnen (keine weichen), Rotwein, Zucker, Zimt, ganz wenig Cayenne-Pfeffer, Rosinen

Die Rosinen über Nacht in Rotwein einlegen. Birnen nur bis zur Hälfte schälen, so dass ein Teil weiss und ein Teil mit der Haut bleibt. In Pfanne geben und mit Rotwein samt Rosinen zudecken.
Zucker, Zimt hinzugeben. Eine Messerspitze Cayenne-Pfeffer darüber – und leise köcheln lassen bis die Birne «al dente» ist (je nach Konsistenz 10 bis 20 Minuten). Abkühlen lassen.
Kalt mit der Sauce servieren.

Spinaci al Gorgonzola
Kalbshaxen im Weisswein
Bananenschiffli

Spinaci al Gorgonzola

400 g Blattspinat (gefroren), 150 g Gorgonzola, 2 dl Rahm, 200 g Beinschinken gewürfelt, 20 g Butter, Salz, Pfeffer

Den tiefgekühlten Spinat in Salzwasser (oder Bouillon) aufkochen lassen. Absieben. Etwas Pfeffer darüber streuen.
In der Butter die Schinkenwürfeli dämpfen und zum Spinat geben. Gorgonzola im Rahm unter kleinem Feuer und ständigem Rühren zergehen lassen. Und das Ganze damit nappieren.

Kalbshaxen im Weisswein

4 schöne Kalbshaxen-Scheiben (nicht zu dünn – etwa 250 g schwer), 2 Rüebli, 1 Zwiebel (in vier Teile geschnitten), 2 Lauchstengel (fein geschnitten), 1 halber Sellerie (in Stängeli geschnitten), Bouillon, Weisswein (trocken), Salz, Pfeffer

Die Kalbshaxen salzen und pfeffern. In eine feuerfeste Form geben und mit halb Bouillon halb Weisswein überdecken. Zwei Tage im Eiskasten so zugedeckt stehen lassen.
Rüebli würfeln und das übrige Gemüse hinzugeben. Im Ofen bei Mittelhitze und 250 Grad zugedeckt während 30–40 Minuten köcheln lassen (je nach Haxe länger).
Die weichen Haxen herausnehmen, das Gemüse darüber anrichten – dazu Risotto.

Bananenschiffli

4 grosse schöne Bananen, Zucker, 1 Glas Whisky, 1 Tafel dunkle Schokolade (zartbitter)

Bananen unten leicht anschneiden, damit sie auf dem gebutterten Kuchenblech stehen können. Oben die Banane öffnen, so dass das weisse Fleisch herausschaut. Dieses halbfingerdick mit Zucker würzen. Und jetzt den Whisky darüber träufeln.
Zum Schluss die Bananen mit Schoggi-Rippli spicken. Und im Ofen bei 250 Grad Mittelhitze während 15 Minuten ausbacken.

La salade folle
Begge-n-Oofe
Les Rosekiechli en crème brûlée

Salade folle

300 g Nüsslisalat, 50 g gehackte Baumnüsse, 150 g Speckwürfeli, 1 Apfel, Salz, Pfeffer, Zitronensaft, Öl

Nüsslisalat gut waschen und rüsten. Eine Prise Salz in einem Esslöffel voll Zitronensaft auflösen, Pfeffer hinzugeben und die Sauce über den Nüsslisalat schütten. Nun vier Esslöffel Öl darübergeben und die gehackten Baumnüsse, den in kleine Würfel geschnittenen Apfel sowie die erhitzten Speckwürfeli darüberschneien. Sorgfältig mengen und in Salat-Schäleli nett anrichten.

Begge-n-Oofe

300 g Rind-, 300 g Schweine- und 300 g Kalbfleisch (in Ragoût-Stücke geschnitten), 500 g grob gescheibelte Kartoffeln (etwa einen Zentimeter dick), 500 g grob geschnittene Zwiebeln, Salz, Pfeffer, Muskat, 5 dl starke Fleischbouillon, 1 Flasche Edelzwicker, grosse Souffelheimer Form mit Deckel (oder Düpfi)

Fleisch gut salzen und pfeffern, etwas Muskat daraufstreuen. Man gibt die erste Lage Fleisch (von allen drei Sorten) in die Form oder das Düpfi, gibt eine Lage Kartoffeln, die man ebenfalls salzt und mit wenig Paprika abschmeckt, hinzu, schliesslich eine Lage Zwiebeln – jetzt beginnt man wieder mit einer Lage Fleisch und so weiter bis die Form voll ist. Bouillon über das Ganze giessen und mit dem Edelzwicker auffüllen bis Fleisch und Gemüse völlig von der Flüssigkeit gedeckt sind.
Im Ofen bei Mittelhitze und 250 Grad zwei Stunden zugedeckt kochen lassen und die letzten 15 Minuten den Deckel abnehmen.

Les Rosekiechli en crème brûlée

4 Rosekiechli,
6 dl Milch,
6 Eigelb,
4 Esslöffel Zucker,
2 dl Rahm,
Buttenmost-Gomfi

Zucker in Pfanne bräunen lassen und mit der Milch abschrecken. Rühren bis der braune Zucker sich aufgelöst hat und Milch zum Kochen bringen. Inzwischen die sechs Eigelb schaumig schlagen und die kochende Milch daranschütten – gut rühren und in die heisse Pfanne zurückgeben, nochmals erhitzen, aber nicht mehr kochen lassen, sonst griest die Crème.
Kaltstellen und 1 dl geschlagenen Rahm vor dem Servieren darunterziehen.
Crème in Schale geben. Das im Backofen erhitzte Rosenkiechli daraufsetzen und den restlichen geschlagenen Rahm sowie einen Tupfer Buttenmost-Gonfi daraufnappieren.

Fettucine alla Wodka
Bauernsalat «Josy»
La surprise d'automne

Fettucine alla Wodka

300 g breite Nudeln,
2,5 dl Rahm,
100 g Saumon fumé,
50 g Parmesan (dolce),
Wodka

Nudeln weich kochen. Absieben. Und den feingerapsten Parmesan darunter geben. Sorgfältig mengen.
Parallel dazu: Saumon fumé in kleine Lamellen schneiden. Rahm darüber giessen, etwas pfeffern. Und aufköcherln lassen – das Ganze zehn Minuten reduzieren, d. h. auf kleinem Feuer, köcherln lassen. Und schliesslich mit Wodka parfümieren. Sauce über die Nudeln geben. Und wieder sorgfältig mengen. Mit Zitronenscheiben ausgarnieren.

Bauernsalat «Josy»

250 g Nüsslisalat,
150 g gehackte,
geschälte junge
Walnüsse,
150 g Speckmöggeli,
2 Boskop-Äpfel,
Weinessig, Olivenöl
(kaltgepresst, extra
vergine), Salz, Pfeffer,
Weissbrot, Butter,
Knoblauch

Nüsslisalat putzen. Salat-Sauce aus Salz, das man im Weinessig auflöst, und Olivenöl wie auch Pfeffer zubereiten.
Walnüsse sowie die gewürfelten Boskop-Äpfel zum Nüsslisalat geben und alles gut in der Sauce mengen.
Speckmöggeli erhitzen. Und heiss über den Salat streuen. Weissbrotschnitten, die man vorher mit etwas Knoblauch angerieben hat, in heisser Butter rösten. Und zum Salat à part servieren.

La surprise d'automne

1 Büchse
(etwa 200–300 g)
Kastanien-Püree,
2 dl Rahm,
8 Méringueschalen,
Kirsch

Méringueschalen zerkleinern. Die Hälfte davon in eine Schüssel geben. Das Kastanien-Püree, das man mit etwas Kirsch verfeinert hat, darüber schütten. Und schliesslich den geschlagenen, ungesüssten Rahm als dritte Lage hinzugeben.
Die restlichen Méringueschalen (ebenfalls zerkleinert) darüber regnen.

Spinat-Pastetli
Rognons au Calvados
Crème caramel «Péghy»

Spinat-Pastetli

4 Pastetli-Formen,
500 g Blattspinat,
50 g Parmesan,
1 dl Rahm,
Butter, 1 Eigelb, Muskat

Blattspinat in Salzwasser kochen und gut abtropfen. Wenn er noch heiss ist, Butterflokken und Parmesan darüber schneien und in Pastetli abfüllen.
Eigelb und Rahm verrühren, Muskat und Salz hinzugeben und auf die vier Pastetli verteilen.
Im vorgeheizten Ofen bei Mittelhitze und 250 Grad 15 Minuten ausbacken.

Rognons au Calvados

1 Apfel,
500 g Kalbsnierli,
Butter, Salz,
Pfeffer, Calvados,
3 Esslöffel stark konzentrierter Bratenfond

Nierli dünn scheibeln (vorher alles Fett und Häutlein entfernen). Apfel schälen und in kleine Scheiben schneiden.
Butter erhitzen und Rognons rasch darin wenden – jetzt salzen und pfeffern, Äpfel hinzugeben und ebenso den Bratenfond. Mit Calvados ablöschen und auf kleinem Feuer etwa 4–5 Minuten köcherln lassen.

Crème caramel «Péghy»

1 Puddingform,
1 Liter Milch, 6 Eier,
200 g Zucker

Eier gut verrühren. Puddingform mit Caramel-Zucker ausnappieren. (Caramel-Zucker: 100 g Zucker in einer Teflon-Pfanne erhitzen bis er braun wird.) Milch zuckern (100 g) und kochen lassen. Schliesslich über die Eiermasse giessen, gut rühren und in Caramel-Form abfüllen. Im Wasserbad bei 150 Grad dreiviertel Stunden ziehen lassen (das Wasser sollte nicht kochen, nur immer ziehen).

Crêpes Valewska
Les Côtelettes aux prunes
Vacherin comme tarte

Crêpes Valewska

Mehl, Eier, Milch,
1 Esslöffel Öl
(für Omelettenteig),
150 g Saumon fumé,
1 dl Rahm,
30 g geriebener
Emmentaler (mild),
Wodka, Pfeffer, Salz,
Butter

Wir bereiten den Pfannkuchenteig einen Tag vorher aus zwei Eiern, zwei Tassen Mehl sowie einem Glas Milch und einem Esslöffel Öl zu und lassen ihn über Nacht stehen. Leicht salzen. Ebenfalls legen wir bereits am Vortag den Saumon in Wodka ein.

Am Kochtag backen wir nun kleine Pfannküchlein, geben eine Scheibe Saumon darauf und legen sie zusammengerollt in eine ausgebutterte Form. Man giesst den Wodka sorgfältig über die Crêpes, ebenso den Rahm und überschneit die Rollen mit dem Emmentaler. Leicht pfeffern und im vorgeheizten Ofen bei 250 Grad goldbraun backen (etwa 15 Minuten).

Les Côtelettes aux prunes

2 doppelte Kotelettes,
eine Handvoll gedörrte
Zwetschgen, Öl, Butter,
Cognac, Salz, Pfeffer,
Muskat, Bratensauce

Beim Metzger zwei doppelte Kotelettes besorgen (also doppelt so dick wie normal – mit doppeltem Knochen). Diese gut salzen, pfeffern und mit Muskat bestreuen. Zwetschgen in feine Stücklein schneiden und während etwa zwei Stunden (oder über Nacht) in Cognac legen.
Die Kotelettes werden eine halbe Stunde vor dem Servieren in heissem Öl, dem man etwas Butter hinzugefügt hat, auf beiden Seiten gut angebacken und nun auf jeder Seite eine Viertelstunde gebraten. Am Schluss gibt man etwas Bratensauce in die Pfanne, löscht mit Cognac ab und schüttet die Zwetschgenstücklein dazu. Köcherln lassen, Sauce leicht verrühren und Kotelettes aus der Pfanne nehmen. Den runden Filet-Teil des Fleisches schneidet man mit einem guten Messer vom

Knochen und tranchiert ihn wie bei einem Châteaubriand in kleinere Stücke, gibt diese auf den vorgewärmten Teller und nappiert die Sauce mit den Zwetschgenstücklein darüber.
Dazu Trockenreis oder Kartoffel-Gratin.

Vacherin comme tarte

Ein kleiner, reifer Vacherin, weisse Trauben, Marc, Nussbrot

Beim Käse-Spezialisten einen kleinen Vacherin besorgen, der bereits im flüssigen Stadium ist. Am Vortag schon Käsedeckel wegschneiden. Und die crèmige Masse immer wieder mit etwas Marc beträufeln.
Eine Stunde vor dem Servieren werden die Traubenbeeren wie bei einem Früchtekuchen auf den Vacherin ausgelegt, so dass die Oberfläche mit den Trauben voll bedeckt ist.
Nussbrot in kleine Scheiben schneiden und den Käse als «Torte» auf den Tisch bringen.
Mit dem Löffel schöpfen und servieren.

La salade Mimosa
Poulet-Brüstli «Billi-Billi»
L'Ananas «Johannanas»

La salade Mimosa

300 g Nüsslisalat,
4 harte Eier,
100 g Speckwürfeli,
Nussöl, normales Öl,
Weinessig, Salz, Pfeffer

Nüsslisalat putzen. Die harten Eier durchs Sieb drücken. Speckwürfeli in Omelette-Pfanne erhitzen und auslaufen lassen. Einen Esslöffel Nussöl mit gewöhnlichem Öl mischen. Salz in Weinessig auflösen. Alles gut verrühren und ein bisschen pfeffern – die Sauce über den Salat nappieren. Ebenso die Speckwürfeli. Und alles sorgfältig mengen. Auf Teller anrichten und die Eier-Mimosa darüber streuen.

Poulet-Brüstli «Billi-Billi»

8 Poulet-Brüstli, 1 Ei,
Paniermehl, Mehl,
100 g Rohschinken,
Mozzarella, Butter,
Olivenöl,
Tomatenconcassé,
Rosmarin, Bouillon

Poulet-Brüstli mit Salz und Pfeffer würzen, im Mehl drehen, im gut verrührten Ei baden und schliesslich im Paniermehl wenden. In Bratpfanne auf beiden Seiten anbacken. Und in ausgebutterte Gratin-Form legen. Mit etwas Olivenöl beträufeln. Rohschinken in Lamellen schneiden. Und über die Poulet-Brüstli geben.
Mozzarella in dünne Scheiben schneiden. Mit Pfeffer würzen und ebenfalls über die Brüstli legen.
Im vorgeheizten Ofen bei 220 Grad ausbakken (etwa 10–15 Minuten) – so lange, bis die Mozzarella flüssig und leicht überbacken ist.
Zu den Poulet-Brüstli serviert man eine Tomaten-Concassé, die man (mit etwas Bouillon und Rosmarin gewürzt) mindestens eine Stunde lang auf kleinstem Feuer geköchelt hat.

Ananas «Johannanas»

1 ganze Ananas,
60 g Butter,
1 Orange,
12 Würfelzucker,
Vanille-Glace, Cognac

Ananas in Scheiben schneiden – Rand schön entfernen. In Flambier- (oder auch Omelette-)Pfanne Butter zergehen lassen und die Würfelzucker an der Orangenschale abreiben. Ebenfalls in die Pfanne geben. Die heisse Butter mit dem Zucker gut verrühren und Ananas-Scheiben hinzugeben. Den Saft der Orange darübergiessen. Und langsam köcheln lassen – Ananas-Scheiben immer wieder wenden. Nun gibt man den Cognac hinzu und zündet das Ganze sorgfältig an. Wenn die Flamme erloschen ist, werden die Scheiben auf Tellerchen angerichtet und die Sauce darüber nappiert – daneben legt man einen Schnitz Vanille-Eis.

Les Soles au citron
Roulades Romaines
Les Prunes au vin rouge

Soles au citron

4 Filets de Sole, Zitrone, Martini bianco (dolce), Salz, Pfeffer, Rahm

Die vier Sole-Filets werden in einem Wasser-Salz-Zitronensaft-Sud während fünf Minuten blanchiert (das Wasser darf nur ziehen und nicht kochen). Man nimmt sie sorgfältig heraus und richtet die folgende Zitronensauce darüber an: Man rapst ein Viertel der Zitronenschale in eine Pfanne, gibt ein gutes Glas Martini bianco darüber, lässt das Ganze leise köcherln und würzt mit Salz und Pfeffer. Jetzt gibt man den Rahm hinzu (etwa 1½ dl) und gibt das Ganze nochmals aufs Feuer, lässt es aber nicht mehr zum Kochen bringen. Fertig. Dazu trockenen Reis.

Roulades Romaines

8 schöne, grosse Kohl-Blätter, 1 Pfund weisses Poulet-Fleisch, 2 dl Weisswein, Rahm, 1 Eigelb, Salz, Pfeffer, Muskat

In Salzwasser blanchiert man die schön geputzten Kohlblätter, nimmt sie nach einer Minute aus dem Wasser und spült sie mit Eiswasser ab, damit sie die grüne Farbe schön beibehalten. Das Poulet-Fleisch gibt man in Bouillon und kocht es während zehn Minuten weich. Abtropfen lassen. Und auf die Kohlblätter legen. Mit Muskat überstäuben. Und Kohlrouladen wickeln.

Die Rouladen legt man nun in eine ausgebutterte Form, schüttet den Weisswein darüber und gibt alles fünf Minuten in den vorgeheizten Ofen (bei 250 Grad).

Mittlerweile schlägt man das Eigelb mit dem Rahm gut, salzt, pfeffert und gibt auch hier etwas Muskat hinzu – nun schüttet man das Gemisch unter den heissen Wein und rührt ständig. Mit der Sauce werden die Rouladen nappiert.

Les Prunes au vin rouge

400 g entsteinte, dicke Dörrpflaumen,
½ l Rotwein (Algerier oder Rioja), zwei Schnapsgläslein Grappa, Orangenschale von einer Orange (in feine Streifen geschnitten), Zucker

Die Orangenschale mit dem Saft der Orange erhitzen und drei bis vier Esslöffel Zucker darüber streuen. Gut verrühren und mit dem Rotwein ablöschen. Pflaumen hinzugeben. Und bei leisem Feuer etwa eine Viertelstunde köcherln lassen.
Vom Feuer nehmen. Und den Grappa hinzuschütten. Zwei bis drei Stunden stehen lassen (noch besser: über Nacht ziehen lassen). Zusammen mit Vanille-Glace servieren.

La Salade de Paris
Lammfilets «San Pietro»
L'Eugénie rose

La Salade de Paris

250 g Champignons (weiss), 100 g Sbrinz, 4 grosse Kopfsalatblätter, 1 Zitrone, Olivenöl, wenig Weinessig, Salz, weisser Pfeffer

Champignons putzen und fein scheibeln. Mit Zitronensaft überträufeln. Sbrinz fein (mit Röschtiraffel) in Flocken raffeln. Kopfsalatblätter waschen und auf Teller legen. Salz in wenig Weinessig auflösen. In Salatsauce geben – mit Olivenöl die Sauce abrunden. Pfeffern. Champignons wie auch Sbrinzflocken in der Sauce sorgfältig wenden. Rest Zitronensaft darüber geben. Und das Gemisch auf grünem Kopfsalat anrichten.

Lammfilets «San Pietro»

2 Lammfilets, Olivenöl, 4 Knoblauchzehen, Rosmarin, etwas Majoran, Salz, Pfeffer, Margarine, Weisswein

Lammfilets etwa drei bis vier Tage in folgender Öl-Marinade liegen lassen (an einem kühlen Ort): Öl mit Rosmarinzweig sowie den vier durchgepressten Knoblauchzehen und Majoran würzen.
Nun die Filets kurz vor dem Braten herausnehmen – Bratpfanne rauchheiss werden lassen. Margarine hineingeben. Filets salzen und pfeffern. Auf jeder Seite etwa zwei Minuten braten lassen. Herausnehmen. Und mit etwas Weisswein ablöschen, so dass ein Saucenfond entsteht, den man über das Fleisch nappiert.
Das Filet wird in kleine Lamellen aufgeschnitten – und auf warmem Teller angerichtet. Dazu Trockenreis.

L'Eugénie rose

1 Biscuitboden, Himbeerkonfitüre, Himbeersirup, 2 dl Vanillecrème (dickflüssig), 2,5 dl Mascarpone, Framboise

Bei «Mascarpone» handelt es sich um eine sehr dickflüssige italienische Rahmform (und keinesfalls – wie oft falsch behauptet – um den Gorgonzola-Käse, der mit Mascarpone angereichert wird. Diesen nennt man «Mascarpone di Gorgonzola»).

Dem Mascarpone fügen wir also die dicke Vanillecrème zu, ebenso drei Esslöffel Himbeersirup, und mengen das Ganze sorgfältig. Den Biscuitboden parfümieren wir mit einem Gutsch Framboise und streichen nun die Himbeerkonfitüre darüber.

Jetzt gibt man die Mascarpone-Vanille-Masse darauf – und garniert die Oberfläche mit Konfitürentupfern aus.

Im Eiskasten etwa drei Stunden stehen lassen.

Risotto rose
Involtini di legumi
Zappa dei fighi

Risotto rose

2 Tassen Risotto-Reis,
1 feingehackte Zwiebel,
Olivenöl,
400 g Tomaten-Concassé (fein gehackte, geschälte Tomaten), 4 Tassen Weisswein (trocken, evtl. Frascati), 2 Tassen starke Hühnerbouillon,
100 g Parmesan,
1 dl Rahm

Zwiebeln in Olivenöl erhitzen, Reis hinzuschütten, gut rühren und mit Weisswein sowie Bouillon ablöschen – auf leichtem Feuer köcherln lassen. Nach ca. 20 Minuten (wenn die Flüssigkeit aufgekocht und der Reis al dente ist) die Tomaten-Concassé darunterziehen (bis auf einen kleinen Rest, den wir zum Garnieren brauchen), immer gut rühren und nun auch den Parmesan sowie den Rahm dazuschütten. Noch einmal stark erhitzen, sorgfältig rühren und in Suppentellern (vorgewärmt) anrichten. Mit dem Rest Concassé garnieren.

Involtini di legumi

Dünn geschnittene Plätzli vom Kalb,
100 g Rüebli,
1 halber Sellerie,
2 Kartoffeln,
3 Lauchstengel, Peterli,
Salz, Pfeffer, Olivenöl,
Zahnstocher,
Weisswein

Involtini sind eine italienische Spezialität – sie bedeuten: Eingewickelte und sind mit unseren Fleischvögeln zu vergleichen.
Wir kochen die Gemüse al dente und hacken sie schliesslich mit dem Peterli nicht allzu fein. Nun häufen wir das Gemisch auf die Fleischtranchen, die wir vorher gewalzt und gepfeffert haben, rollen das Ganze zu einer Roulade, schliessen diese mit zwei Zahnstochern und lassen sie im heissen Olivenöl auf beiden Seiten gut anbraten.
Wir löschen mit zwei Glas Weisswein ab, würzen mit etwas Bouillon und lassen die Fleischvögel so gut zehn Minuten im Wein ziehen. Dann herausnehmen und auf heissem Teller anrichten. Als Beilage: Mais.

Zappa dei fighi

Frische Feigen, Kirsch, 2 dl Rahm, 3 Eigelb, Vanillezucker

Feigen schälen, halbieren – und über Nacht in Kirsch sowie etwas Kristallzucker einlegen. Rahm vor dem Servieren sämig schlagen, Kirsch mit Vanillezucker sowie drei geschlagene Eigelb darunterziehen und über die Feigen schütten. Nochmals zehn Minuten stehen lassen.

Les Pommes-Burgers «Elsa»
Gratin d'Endives
Les Poires roses

Les Pommes-Burgers «Elsa»

4 Tranchen Enten-Leber, 2 Äpfel, Zitrone, Salz, Pfeffer, Calvados, Butter

Äpfel schälen. Kerngehäuse herausschneiden. Acht dicke Scheiben schneiden. Und diese in leicht gesüsstem Zitronenwasser al dente kochen. Herausnehmen. Und auf Teller bereit legen.
Enten-Leber in rauchheisser Butter auf beiden Seiten kurz braten. Jetzt erst salzen. Pfeffern. Und mit etwas Calvados ablöschen. Sofort vom Feuer und Leber aus der heissen Butter nehmen.
Äpfel im Butter-Calvados-Gemisch drehen. Auf Teller anrichten. Entenleber darauf. Und zweite Apfelscheibe darüber.

Gratin d'Endives

8 schöne Brüsseler (Endives), 8 Tranchen Grossvater-Schinken (oder Beinschinken mit Fettrand), 200 g Champignons, 100 g Emmentaler, 1,5 dl Rahm, 1 Glas Weisswein, Salz, Pfeffer, Bouillon

Brüsseler sauber waschen und beim unteren Teil ein kleines Stück herausschneiden. So verliert das Gemüse seinen bitteren Geschmack. In Bouillon al dente kochen. Herausnehmen. Und abkühlen lassen.
Jetzt wickeln wir die weichen Brüsseler mit dem Schinken ein und geben das Ganze in eine feuerfeste Form.
Champignons fein scheibeln und in Butter anziehen. Salzen. Pfeffern. Etwas Bouillon hinzu geben sowie den Rahm – die Sauce auf kleinem Feuer reduzieren.
Über die Brüsseler geben wir den gerafflten Käse und schütten jetzt die Champignons mit der Sauce nach.
Im Ofen bei 250 Grad Mittelhitze während 20 Minuten ausbacken.
Dazu: Trockenreis oder Maisschnitten.

Les Poires roses

4 Birnen, Grenadine, halber Liter Rotwein, Zucker, Zimtstange, gedörrte Feigen, gedörrte Zwetschgen

Birnen schälen. Kerngehäuse entfernen – und halbieren. In Pfanne geben und mit zwei bis drei Glas Grenadine übergiessen. Rotwein dazu schütten – und mit Zucker etwas nachsüssen. Zimtstange hinzugeben. Nun auch die gedörrten Zwetschgen und Feigen. Alles auf kleinem Feuer köcheln lassen, bis die Birnen al dente oder weich (je nach Geschmack) sind. Abkühlen lassen. Und die rosa Birnen in Schäleli anrichten – darum herum Feigen und Zwetschgen legen. Und mit dem Jus nappieren.

Nouilles Alfredo
Pastete à la Bâloise
Les Crêpes aux pommes

Nouilles Alfredo

350 g hauchdünne Eiernudeln, 100 g junger Parmesan (gerieben), 60 g frische Butter, Salz, Muskat

Wichtig ist, dass die Nudeln wirklich hauchdünn sind. Man lässt sie im brodelnden Salzwasser zwei bis drei Minuten kochen, nimmt sie heraus, tropft das Wasser aber nicht ganz ab, sondern gibt sie ziemlich feucht auf eine vorgewärmte Platte. Nun streut man die Butter in Stücke darüber, ebenso den geriebenen Parmesan und vermengt alles mit Löffel und Gabel sorgfältig, so dass sich aus der Feuchtigkeit, dem Käse sowie der Butter ein sämiges Sösslein bildet.
In Suppentellern (vorgewärmte!) anrichten.

Pastete à la Bâloise

400 g Blätterteig, 600 g Suppenfleisch, das man durch den Wolf dreht, Essig, Zucker, Salz, Sultaninen, Weisswein, 1 Eigelb

Die «suursiessi Pastete» kam früher an einem Sonntag auf den Basler Esstisch und wurde aus den Suppenfleisch-Resten vom Samstag hergestellt.
Das gehackte Suppenfleisch würzt man mit den Sultaninen, mit einem Glas voll trockenem Weissen, mit einem Gutsch Essig sowie mit gleichviel Salz und Zucker. (Die Sultaninen sollte man vorher etwa zwei Stunden ins gesüsste Essigwasser legen.)
Nun wird der Teig ausgewallt, das Fleisch darauf gegeben und alles zu einer Pastete gerollt. Mit Eigelb überstreichen und im vorgeheizten Ofen bei 220 Grad Mittelhitze braun backen (etwa 40 bis 50 Minuten).
Zur Pastete serviert man frische Salate.

Les Crêpes aux pommes

4 nicht zu süsse Äpfel, geschält und in dünne Schnitze gescheibelt, 60 g Butter, Zucker, ½ Glas Süssmost, Calvados, 8 Pfannküchlein (Crêpes), Zitronensaft

Die Apfelschnitzlein werden mit Zitronensaft und Zucker überträufelt In einer Omeletten-Pfanne (wer hat: in der Flambierpfanne) lässt man die Butter zergehen, gibt den Zucker hinzu (etwa drei bis vier Esslöffel), rührt gut und löscht mit dem Süssmost ab. Nun gibt man die Apfelscheiblein hinein und lässt sie etwa drei Minuten köcherln. Jetzt nehmen wir sie heraus (die Pfanne vom Feuer nehmen!), füllen die Crêpes damit und geben diese gefüllt sorgfältig in die Sauce zurück – wir lassen sie auf jeder Seite etwa zwei Minuten in der Flüssigkeit köcherln (vorsichtig wenden!), löschen schliesslich mit dem Calvados ab und flambieren.
Die Crêpes werden nun auf lauwarmen Tellern angerichtet.

Rosenkohl-Soufflé
Scampi à l'Orange
La Zuppa inglese

Rosenkohl-Soufflé

400 g Rosenkohl,
2,5 dl dicke Béchamel
(weisse Sauce!),
100 g Emmentaler,
3 Eigelb,
5 Eiweiss,
Bouillon, Butter

Rosenkohl rüsten, waschen, in Bouillon weichkochen und mixen. Dicke Béchamel darunterziehen – ebenso den geraffelten Käse. Gut rühren und die drei gut geschlagenen Eigelb dazugeben. Wieder gut rühren. Eiweiss zu Schnee schlagen. Sorgfältig unter die Masse mengen.
Sofflé-Form ausbuttern. Masse hineingeben. Und im vorgeheizten Ofen bei 220 Grad Unterhitze 20 bis 30 Minuten backen. Sofort servieren.

Scampi à l'Orange

500 g Scampi roh, 2,5 dl
Rahm, 1 Orange, Salz,
Pfeffer, etwas Cointreau

Scampi schälen. Wasser kochen lassen, etwas salzen und Zitronensaft hineingeben. Feuer abstellen. Und im heissen, nicht kochenden Wasser die Scampi eine Minute blanchieren. Sofort herausnehmen. Und auf Teller legen.
Rahm in Pfännchen geben. Salzen. Pfeffern. Die Schale einer halben Orange hineinrapsen. Und mit Cointreau abschmecken. Köcherln lassen, bis die Sauce sich reduziert – nun die Scampi rasch hineingeben und etwa zwei bis drei Minuten darin erhitzen, ohne dass die Sauce kocht.
Zu Trockenreis servieren.

La Zuppa inglese

2 Pakete Löffelbiscuits,
dicke Vanillecrème,
Schokoladenpulver,
Archemus

Archemus ist ein typisch italienischer Likör, den man lediglich in Italien oder im Spezialgeschäft bekommt. Selbstverständlich kann man anstelle des roten Schnapses auch auf einen anderen Likör ausweichen. Man legt eine Schüssel mit Löffelbiscuits, die man vorher in den Likör getaucht hat, aus. Nun streicht man die dickflüssige Vanillecrème darauf, gibt wieder eine Lage schnapsgetränkter Löffelbiscuits und eine zweite Lage Vanillecrème, die man jedoch mit Schokoladenpulver braun gefärbt hat, dazu.
Nun die letzte Lage getränkter Löffelbiscuits – und das Ganze zwei bis drei Stunden im Eiskasten stehen lassen.

Salade Mimosa
Shepherd's Pie
Soufflé «Christoph H.»

Salade Mimosa

300 g Nüsslisalat,
100 g Speckwürfeli,
3 harte Eier,
10 gehackte Walnüsse, Olivenöl, Weinessig, Salz, Pfeffer

Nüsslisalat gut waschen und putzen. Die harten Eier durchs Sieb drücken, so dass die Mimosa-Blüten entstehen (man kann sie auch durch eine Knoblauchpresse geben). Sauce aus Salz, Essig und Olivenöl zubereiten, leicht pfeffern. Salat hineingeben. Sorgfältig mengen. Die gehackten Nüsse sowie die Mimosa darüber schneien. Mittlerweile hat man die Speckwürfeli in der Omelette-Pfanne erhitzt. Fett abtropfen. Und Würfeli heiss über den Salat streuen.

Shepherd's Pie

600 g Gekacktes (gemischt), 1 Zwiebel,
200 g Concassé de tomates,
1 kg Kartoffeln,
50 g Butter,
Muskat, Salz, Pfeffer, Bouillon, 50 g Reibkäse

Zuerst bereiten wir den Kartoffelstock zu: Kartoffeln schälen, in Salzwasser weichkochen, durchs Passevite in eine Pfanne geben und mit der Butter sowie Muskatblüte verrühren. Leicht salzen. (Sollte er zu dick werden: mit etwas Kaffeerahm verdünnen.)
Dann bereiten wir das Gehackte zu: Zwiebel fein hacken, in Öl anziehen und Gehacktes dazu geben. Concassé darüber schütten sowie zwei Tassen Bouillon. Leicht salzen. Und 30 Minuten fein köcherln lassen.
Nun schüttet man das Hackfleisch in eine feuerfeste Form und gibt den Kartoffelstock darüber. Diesen überschneit man mit dem Käse und pinselt das Eigelb über die Oberfläche. Im Ofen bei Mittelhitze etwa 30 Minuten backen lassen.

4 Eier, 160 g Zucker, fein gerapste Mandarinen-Schale (von einer ungespritzten Frucht), Cointreau, Butter, 1 Wunderkerze

Soufflé «Christoph H.»

Eiweiss vom Eigelb trennen. Eigelb mit Zucker schaumig rühren. Mandarinenschale hinzugeben sowie einen Spritzer Cointreau. Soufflé-Form ausbuttern. Eiweiss zu steifem Schnee schlagen und die Eigelb-Masse darunterziehen. In Form geben und bei Mittelhitze 20 Minuten im Ofen aufgehen lassen. In das Soufflé steckt man nun eine Wunderkerze.

Foie de canard sur épinards
Les Crêpes russes
Basler Zwätschgemues

300 g Entenleber,
400 g Spinat,
Butter, Salz,
Pfeffer, Muskat, Mehl,
Bouillon

Foie de canard sur épinards

Spinat sauber rüsten, waschen und in etwas Butter anziehen. Mit einer Tasse Bouillon ablöschen. Fünf Minuten köcheln lassen – in Sieb geben und das Spinatwasser behalten. Mit Spinatsaft (halbe Tasse), Salz, Pfeffer und wenig Olivenöl (oder warmer, zerlassener Butter – aber nicht gebräunt!) eine Sauce komponieren und den lauen Spinat damit anmachen.
Entenleber in Medaillons schneiden. Diese in Mehl kurz wenden, so dass nur ein Hauch darauf gepudert ist – und in heisser Butter auf beiden Seiten etwa eine halbe Minute ausbacken. Salzen. Pfeffern. Und auf dem Spinatbeet anrichten.

Omeletten-Teig,
200 g geräucherter Salm, Wodka,
2 dl Sauerrahm,
eine gekochte mittelgrosse Rande,
Salz, Pfeffer, Dill

Les Crêpes russes

Saumon-Scheiben in Wodka marinieren und ziehen lassen. Rande in kleine Würfeli schneiden. Dill fein hacken. Dem Sauerrahm einen Gutsch Wodka sowie die Randen-Würfeli beigeben. Ebenso die Hälfte des Dills. Gut mengen.
Nun die dünnen Pfannküchlein ausbacken. Auf diese legen wir die Saumon-Scheiben, streichen vom Sauerrahm mit den Randen darauf, rollen sie ein und geben sie in eine ausgebutterte Form.
Im Ofen etwa 15 Minuten ausbacken und vor dem Servieren mit dem Dill-Rest überschneien.

Basler Zwätschgemues

500 g tiefgekühlte, entsteinte Zwetschgen, 2 dl Rahm, Zimt, 150 g Zucker, Pflümli

Zwetschgen in Pfanne geben, Zucker sowie Zimtpuder dazu sowie eine halbe Tasse Wasser. Kochen lassen, bis sie ganz weich sind. Pürieren. Und in Kälte stellen. Rahm steif schlagen. Und unter die Zwetschgen-Masse, der man noch einen Gutsch Pflümli beigegeben hat, ziehen. Nochmals eine Stunde in der Kühle ruhen lassen. Mit Löffelbiscuits servieren.

Sole à la Bâloise
Les 3 Choses de Veau
Les Pommes au coing

Sole à la Bâloise

4 Sole-Filets, Vermouth Bianco, 2,5 dl Double-Crème, Salz, Pfeffer, 2 Zitronen, Suppenperlen (Teigwaren!), Weisswein, Kaviar

Sole-Filets rollen. In Omelette-Pfanne geben. Salzen. Und mit Weisswein-Wasser-Gemisch zudecken. Auf Feuer etwa fünf bis zehn Minuten sieden, aber nicht kochen lassen.
Sauce: Double-Crème in Pfanne geben. Einen Schuss Vermouth Bianco, eine halbe, gerapste Zitronenschale sowie Salz und Pfeffer hinzugeben. Rühren. Und abschmecken. Auf Feuer reduzieren.
In Salzwasser Suppenperlen weichkochen. Absieben. Und Butter hinzugeben. Mit etwas Zitronensaft abschmecken. Und auf die heissen Sole-Filets, die man in die Tellermitte legt, anrichten. Auf den weissen «Kaviar» gibt man nun ein Löffelchen vom echten, schwarzen. Neben der Sole nappiert man den Teller mit der Sauce aus. Und garniert mit Zitronenscheiben.
Dazu Trockenreis. Oder Blätterteig-Fischlein.

Les 3 Choses de Veau

200 g Kalbsnierli (hauchdünn geschnitten), 200 g Kalbsleber (handgeschnetzelt), 200 g Kalbfleisch geschnetzelt (am besten vom Filet), Salz, Pfeffer, eine feingehackte Zwiebel,

Margarine erhitzen und Zwiebelchen darin dämpfen. Die drei Sachen vom Kalb sowie den Apfel hinzugeben und rasch unter ständigem Rühren anbraten – erst jetzt salzen und pfeffern. Sowie mit einem Schuss Cognac ablöschen.
Aus der Pfanne nehmen und Bratenfond mit Rahm anreichern (mit noch etwas Calvados abschmecken). Köcherln lassen. Und Sauce über Fleisch anrichten.

gehackter Peterli, 1 Apfel (ebenfalls feingescheibelt und geschält), Calvados, 1 dl Rahm, Margarine

Mit den Peterliflocken überschneien. Und servieren.

Les Pommes au coing

4 Äpfel, 1 Zitrone, Zucker, Quittenkonfitüre, 2 Tassen Haselnüsse, Vanille-Glace, Quittenschnaps

Äpfel schälen, aushöhlen und in Zitronenwasser, das man gezuckert hat, al dente kochen. Herausnehmen. In feuerfeste Form geben und mit Quittenkonfitüre sowie mit grob gehackten Haselnüssen füllen.
Im vorgeheizten Ofen etwa zehn Minuten bei 250 Grad Oberhitze backen. Herausnehmen. Mit Coing (Quittenschnaps) überträufeln und auf einer Scheibe Vanille-Glace anrichten.
Wer will, kann nicht allzu dick geschlagenen Rahm darüber geben.

Gänseleber auf Linsensalat
Lümmeli à la Holzach
Iles flottantes

Gänseleber auf Linsensalat

4 Tranchen Gänseleber,
2 Boskop-Äpfel,
250 g Linsen,
Weisswein,
Zitronensaft, Bouillon,
Salz, Pfeffer, Zucker

Wir bereiten zuerst den Linsensalat vor. Linsen in einem Gemisch von Bouillon und Weisswein etwa 20 Minuten köcherln. (Sie sollten nicht zu weich sein. Man muss sie heute auch nicht mehr einweichen.) Den einen Apfel in vier Scheiben schneiden. Und diese im leicht gezuckerten Weisswein al dente kochen. Herausnehmen. Abkühlen lassen.
Den andern Apfel schälen. Und in kleine Würfel schneiden. Mit Zitronensaft überträufeln. Linsen nun abtropfen. Mit Pfeffer, wenig Salz, etwas Weisswein und Olivenöl würzen. Sorgfältig mengen. Und die Apfelstücklein ebenfalls dazugeben. Wieder mengen.
Auf den Apfelscheiben richten wir nun den Salat an und geben die Gänseleber, die wir in heisser Butter auf jeder Seite zwei Minuten ausbacken und mit Salz sowie Pfeffer gewürzt haben, darauf.

Lümmeli à la Holzach
(Basler Weihnachtsrezept obiger Familie)

2 Schweinsfilets,
1 Paket gedörrte,
entsteinte Zwetschgen,
Portwein,
Zwetschgenwasser,
Rotwein,
halbes Weggli,
50 g geräucherter
Speck,
Blätterteig (1 Pfund),
Specktranchen, Essig

Die Zwetschgen werden in Portwein und wenig Zwetschgenschnaps eingelegt, bis sie weich sind. Nun nimmt man sie heraus und legt sie auf die Seite. Den Jus reichert man mit Rotwein an und mariniert das Fleisch zwei Tage darin. Die Zwetschgen werden zusammen mit dem halben Brötchen sowie dem Speck in der Moulinette oder im Mixer zur Ducelle püriert.
Man nimmt nun das Fleisch aus der Marinade, trocknet es ab, würzt es mit Salz und Pfeffer, brät es auf beiden Seiten an und gibt die

Ducelle dick darum herum. Nun wickelt man alles in leicht glacierte Speckstreifen und rollt es im ausgewallten Blätterteig ein. Mit Eigelb bestreichen. Und im Ofen ausbakken (40 Minuten bei 250 Grad). Man kann das Lümmeli heiss oder kalt servieren – wer will, kann aus der Marinade eine Sauce zaubern.

Iles flottantes

4 Eiweiss, 4 Eigelb,
Vanillestengel,
1 l Milch,
Zucker,
100 g Puderzucker

Wir schlagen den Eischnee steif und schlagen weiter, indem wir jetzt noch 100 g Puderzucker dazuschütten.
Auf dem Herd lassen wir die Milch mit den Vanillestengeln kochen. Geben Zucker hinzu. Stechen nun mit einem Suppenlöffel vom Schneezucker ab und blanchieren diese «Wölklein» in der siedenden Milch auf beiden Seiten eine Minute. Wir nehmen die Wölklein heraus und lassen sie gut abtropfen.
Aus der Milch die Vanillestengel entfernen und das Vanille-Mark in die Flüssigkeit zurückgeben. Nochmals aufkochen und über die vier gut verrührten Eigelb schütten. Mit dem Schaumbesen rühren und erkalten lassen.
Die weissen «Inselchen» geben wir nun auf die Vanille-Crème. Man kann sie noch mit einem Zuckerveilchen ausgarnieren.

Les Œufs italiens
Les Filets de porc «Trois Gros»
Soufflé «Jamaica»

Les Œufs italiens

4 Eier,
100 g Gorgonzola,
1 dl Rahm,
2 Birnen, Paprika,
1 Zitrone

Birnen schälen und Kerngehäuse entfernen. Im Zitronenwasser, das man nicht gezuckert hat, al dente kochen.
Eier in kochendem Wasser vier Minuten kochen lassen. Unter fliessendes, kaltes Wasser geben, sorgfältig schälen und nochmals ins heisse Wasser legen.
Gorgonzola mit Rahm auf kleinem Feuer und unter ständigem Rühren zergehen lassen.
Mit Paprika würzen.
Birne auf Teller legen, Ei darauf und mit der Gorgonzola-Sauce nappieren.
(Evtl. mit Peterli oder Zitronenscheiben ausgarnieren.) – Dazu warmen Toast.

Les Filets de porc «Trois Gros»

1 Schweinefilet,
Rotwein, Salz, Pfeffer,
2 Tassen gedörrte,
entsteinte Pflaumen,
Margarine

Schweinefilet in Rotwein zwei bis drei Tage mit den Zwetschgen an kaltem Ort stehen lassen.
Herausnehmen. Abtropfen. Salzen und pfeffern. Und in brauner Margarine anbraten.
Rotwein dazugiessen – und etwa 20 Minuten das Filet in dieser Marinade köcheln lassen. Man würzt die Marinade nach Gutdünken mit Salz, Pfeffer, etwas Estragon und Muskat nach. Die letzten zehn Minuten gibt man noch die Zwetschgen hinzu.
Aus der Pfanne nehmen. Marinade absieben. Und eine Tasse davon mit Butterflocken, die man immer wieder hinzugibt, auf kleinem Feuer zu einer Sauce aufmontieren.
Schweinefilet in Stücke schneiden. Und auf warmen Tellern anrichten. Sauce darüber nappieren.

Soufflé «Jamaica»

3 Orangen, 1 Esslöffel Grand-Marnier, 5 Eigelb, 150 g Zucker, Rahmquark, Orangenschale (abgerieben), 5 Eiweiss, 2 Messerspitzen Backpulver

Orangen schälen. Weisse Häute entfernen und die Orangen-Filets in Würfel schneiden. Diese mit dem Grand-Marnier beträufeln. Eigelb mit Zucker schaumig rühren – löffelweise den Quark hinzugeben. Und die Masse mit der gerapsten Orangenschale würzen. Nun die Orangenwürfel darunter mischen. Eiweiss und Backpulver zusammen steif schlagen, langsam und sorgfältig unter die Quarkmasse ziehen.
Das Ganze in ausgebutterte Gratinform geben. Und im vorgeheizten Ofen bei 180 Grad (die letzten zehn Minuten bei 200 Grad) 30 bis 40 Minuten ausbacken.

Potage Cinderella
Le Gratin «Dinge-Dinge»
Les Pommes «Blanche-Neige»

Potage Cinderella

500 g Kürbis-Fleisch,
2 dl Rahm,
2 dl Bouillon,
2 dl Weisswein,
Weissbrot gewürfelt,
Butter

Das Kürbis-Fleisch wird in der Butter angezogen und mit Bouillon sowie Weisswein abgelöscht. Zehn Minuten köcherln lassen. Pürieren. Und mit dem Rahm anreichern. Nochmals aufkochen lassen. Brotwürfeli in Butter rösten und darüber schneien.

Le Gratin «Dinge-Dinge»

250 g Makkaroni,
1 dl Rahm,
250 g Milken,
Bouillon,
200 g Schinken
(in Würfel geschnitten),
100 g Emmentaler mild

Makkaroni al dente kochen. Milken in Bouillon etwa 20 Minuten kochen, schälen und in Scheiben schneiden. Auflaufform ausbuttern, Makkaroni hineinlegen, Milken darauf legen, ebenso die Hälfte der Schinkenwürfeli und etwas Käse. Nun wieder eine Lage Makkaroni, die letzte Lage Milken, Schinkenwürfeli und nochmals Käse. Übers Ganze ein halbes Glas Milken-Bouillon sowie den Rahm schütten und im Zwischenofen bei 250 Grad während 30 Minuten ausbacken.
Dazu grüner Salat.

Vier grosse Boskop, eine Hand voll gedörrte Pflaumen, 3 Eiweiss, 3 Suppenlöffel (gehäuft) Puderzucker, Calvados, Haselnüsse, Zwetschgenkonfitüre, 1 Zitrone

Les Pommes «Blanche-Neige»

Den Äpfeln einen Deckel abschneiden. Und aushöhlen. Pflaumen einen Tag lang in Calvados einweichen, herausnehmen und die Äpfel damit sowie mit den gehackten Haselnüssen und (pro Apfel) einem Kaffeelöffel (gehäuft) Zwetschgenkonfitüre füllen. Das Ganze in feuerfeste Form geben, etwas vom Calvados über die Äpfel träufeln und das Eiweiss zu steifem Schnee schlagen. Jetzt den Puderzucker darunter rühren und mit der Masse die Äpfel zudecken. In den vorgewärmten Ofen geben. Und bei Unterhitze (250 Grad) 30 Minuten backen. Die letzten fünf Minuten starke Oberhitze geben, damit der Schnee leicht anbräunt.

Ricette Romane

Involtini Romani

4 grosse, hauchdünne Kalbsschnitzel, 5 Karotten, 1 Zwiebel, 2 Knoblauchzehen, 100 g Blattspinat, Tomatenconcassé, Fleischbrühe, etwas Rotwein, Öl, Salz, Pfeffer, Oregano

Die Schnitzel werden halbiert, gesalzen und gepfeffert.
Die Karotten werden geschält, in Carrés geschnitten und in Fleischbrühe al dente gekocht. Ebenfalls wird der Spinat in der Fleischbrühe weichgekocht. Beides gut absieben.
Spinat und Hälfte der Karotten mischen und auf die Schnitzel geben. Diese zu Fleischvögel rollen und mit Zahnstocher schliessen.
In einer Bratpfanne Öl erhitzen, die gehackten Zwiebeln und Knoblauch darin anziehen und die Fleischvögel auf allen Seiten gut anbraten.
Mit Tomatenconcassé ablöschen, Fleischbrühe hinzuschütten sowie ein halbes Glas Rotwein. Mit Oregano, Salz und Pfeffer nachwürzen – und die Fleischvögel so «umido», also mit Flüssigkeit zugedeckt, etwa eine halbe Stunde köcherln lassen. Rest der Rüebli ebenfalls hinzugeben. Und anrichten.

Ein typisches Gericht der Armen von Trastevere ist die «Coda vaccinara», ein sogenannter Kuhschwanz.

Coda vaccinara

1 kg Ochsenschwanz, in grobe Teile geschnitten, Tomatenconcassé, Zwiebel, Knoblauch, Basilikum, Pfeffer, Salz, 4 Karotten, 4 Kartoffeln, 2 Tassen ausgepulte Erbsli, Fleischbrühe, 2 Glas Frascati, 1 Lorbeerblatt, Öl

Zwiebel und Knoblauch grob hacken und in Bratpfanne mit Öl anziehen. Ochsenschwanzstücke darin anbraten – gut salzen und pfeffern, Tomatenconcassé dazu geben, ebenfalls Fleischbrühe, Lorbeerblatt und zwei Glas Frascati, so dass die Fleischteile gut mit Flüssigkeit zugedeckt sind.
Nun Karotten schälen, ebenfalls Kartoffeln und in grobe Stücke schneiden. Zusammen mit den Erbsli in die Sauce geben und alles gut zwei Stunden auf kleinem Feuer köcherln

lassen. Immer wieder Flüssigkeit (Wein oder Bouillon) nachschütten.
Zu guter Letzt in Suppenteller anrichten und mit frischem, feingehacktem Basilikum überschneien.

Gross beliebt sind «**funghi porcini**», die sogenannten Steinpilze. Sie werden mit einem Bürstlein geputzt (nicht mit Wasser!) und in dicke Scheiben geschnitten. Nun hackt man Knoblauch mit Peterli sehr fein, erhitzt in einer Bratpfanne Butter mit etwas Öl und gibt die Pilzscheiben hinein. Erst jetzt werden sie gesalzen und gepfeffert – man überschneit sie mit der Knoblauch-Peterli-Mischung und backt sie auf beiden Seiten wie Kalbsleber kurz aus.

Ricotta al Forno
(für vier Personen als Voressen oder für acht bis zehn Personen zum Apéro)

1 Pfund Ricotta, Salz, schwarzer Pfeffer, Basilikum, Zitrone, Olivenöl

Der Ricotta wird in kleine Würfel geschnitten (Zweifränkler gross) und auf ein gefettetes Kuchenblech gegeben. Im Ofen wird er bei starker Oberhitze etwa zehn Minuten gebacken, bis er braun ist.
Nun richtet man ihn heiss auf eine Platte an, würzt mit Salz, Pfeffer und fein gehacktem, frischem Basilikum, regnet etwas Zitronensaft übers Ganze und träufelt kaltgepresstes Olivenöl über die Ricotta-Möggeli.
Fertig!
Ricotta eignet sich auch hervorragend als Füllung von Ravioli. Oder als Füllung von ausgehöhlten Tomaten.

Ripieno di Ricotta (für 4 Personen)

300 g Ricotta,
100 g gehackter Spinat,
50 g Parmesan

Dies gut durcheinandermengen. Und schon hat man die feinste Füllung für Ravioli, Lasagne oder Tomaten. Letztere werden ausgehöhlt, mit der Füllung vollgestrichen und im Ofen bei 250 Grad Mittelhitze etwa 15–20 Minuten gebacken.

Gnocchi di Ricotta (für 4 Personen)

300 g Ricotta,
100 g Parmesan,
200 g Spinat,
eine Tasse Mehl,
Salbeiblätter,
50 g Butter

Ricotta, Parmesan, Mehl sowie den Spinat, den man vorher in einer Teflon-Pfanne auf kleinem Feuer ganz ausgetrocknet hat, zu einer Masse gut mengen. Leicht salzen und pfeffern.
Kugeln formen. Und diese in siedendes (nicht kochendes!) Salzwasser geben. Ziehen lassen bis sie an der Oberfläche erscheinen – sorgfältig mit einem Sieb aus dem Sud schöpfen. Und auf Teller anrichten.
Mittlerweilen drei Salbeiblätter fein hacken und in Butter anziehen – die Salbei-Butter über die Gnocchi nappieren.

Risotto giallo

2 Tassen Risotto-Reis (Arborio), 4 Tassen Hühnerbrühe, 2 Tassen Weisswein (Frascati), 100 g Parmesan, 1 dl Rahm, Safran, 1 Tasse frische Erbsen, die man in etwas Bouillon drei Minuten gekocht hat

Reis in Pfanne geben. Ebenso Hühnerbrühe und Weisswein – eventuell leicht nachwürzen mit Salz, etwas Pfeffer und einem Lorbeerblatt.
Reis leise köcherln lassen. Nach 20 Minuten sollte er «al dente» sein.
Nun schüttet man den Rahm sowie den geriebenen Parmesan in die Pfanne, rührt ständig mit einer Holzkelle, bis sich der Käse aufgelöst hat.
Erbsli hinzu geben. Immer rühren und das Feuer noch einmal eine Minute hoch stellen.
Safran darunter rühren (sollte der Reis zu trocken sein, muss man etwas Weisswein nachschütten).
Reis in Suppentellern servieren.

Arrancini

Risotto-Reis, Mozzarella, Paniermehl, Friteuse, 2 Eier

Die Risotto-Resten werden in Rom zu «Arrancini», sogenannten Reisküchlein, verwendet. Dem Risotto-Reis mengen wir ein gut verklopftes Ei sowie dicke Mozzarella Stücke bei. Nun drehen wir aus der Masse Kugeln, wenden die im zweiten, gut verrührten Ei und schliesslich im Paniermehl. Die Kugeln werden in der Friteuse ausgebacken. Arrancini isst man lau oder kalt.

«La Ricotta Dolce»

400 g Ricotta, 2 Eier, Aprikosenkonfitüre, etwas Vanillezucker und Zucker

Eier gut verrühren und mit Vanillezucker sowie gewöhnlichem Zucker süssen. Unter die Ricotta geben. Und gut mengen. Das Ganze wird nun wie eine Omelette in der Bratpfanne mit wenig Butter ausgebacken – man kann es auch im Ofen bei mittlerer Hitze etwa 15 Minuten braun werden lassen. Nun gibt man die Konfitüre darüber und serviert alles warm.

Berühmt ist in Italien natürlich die Crema caramelle. Dabei handelt es sich um den französischen Flan – allerdings wird er nicht im siedenden Wasserbad hergestellt, sondern die Italiener lassen das Wasser – ganz ihrem Temperament entsprechend – brodeln. So bekommt der Pudding dann die berühmten, kleinen Löcher – er wird gröber als der französische Flan. Und «più al dente» oder eben härter im Biss

Crema caramelle

1 Liter Milch,
1 Vanille-Stengel,
2 Tassen Zucker, 7 Eier,
1 Puddingform verschliessbar (oder eine Cakeform, die man mit Alufolie zuschliesst)

Milch mit Vanillestengel und einer Tasse Zucker aufkochen und an die gut verrührten Eier schütten. 1 Tasse Zucker in Teflonpfanne braun und flüssig rösten. Puddingform mit Caramel-Zucker ausgiessen. Eier-Milch-Flüssigkeit hinzugeben. Und die Form schliessen. Im Wasserbad 60 bis 80 Minuten im Ofen köcherln lassen. Herausnehmen. Deckel abnehmen. Und 24 Stunden im Eiskasten ruhen lassen. Auf Platte stürzen und darauf achten, dass aller Caramel-Zucker aus der Form fliesst.

Ein typisches Römer Dessert sind ferner die

Pere cotte

4 schöne, grosse Birnen, Zucker, Rotwein, kandierte Früchte, Nüsse, 1 Gewürznelke, Zitronenschale, 1 Glas Grenadine

Den Birnen mit dem Kartoffelschäler weisse Haut-Streifen schälen. Und in Pfanne geben. Die Birnen müssen also ganz, aber die Haut angeschält sein.
Nun giessen wir den Rotwein hinzu, bis die Früchte mit Flüssigkeit gedeckt sind. Dann die Grenadine, den Zucker, eine halbe geraffelte Zitronenschale, eine Gewürznelke sowie die kandierten Früchte und die Nüsse beigeben.
Dies alles wird 20 bis 30 Minuten auf kleinem Feuer geköcherlt (je nach Birnensorte – bis die Früchte al dente sind).
Vom Herd nehmen und die Birnen in eine Schale geben. Flüssigkeit absieben und über die Birnen giessen.
Nelke entfernen – und die weichen, kandierten Früchte mit den Nüssen über die Birnen nappieren.

Rezeptverzeichnis

Ananas «Johannanas» 88
Ananas Royale 22
Arrancini 116
Artichauts Spillmann 75
Asperges roses 35
Assiette rouge 44

Bananenschiffli 80
Bauernsalat «Josy» 83
Begge-n-Oofe 81
Blumenkohl «Hugo»,
gefüllter 45
Brennti Crème «Trudi Gysin» . 56
Bresaola di Valtelina 53
Brombeeriwaije, Basler 72

Capretto alla romana 33
Champagner-Crème
«Paulette» 57
Champignons «royal» 17
Chanterelles royales 57
Choses de veau 105
Chuera 31
Citrons «Dino e Pino» 65
Coda vaccinara 113
Côtelettes aux prunes 85
Cream, the blue 66
Crema caramelle 117
Crème caramel «Peghi» 84
Crème d'asperges 47
Crème de petits pois 63
Crème russe 20
Crêpes aux pommes 98
Crêpes russes 103
Crêpes Valewska 85
Crêpes «Verdi» 25

Endives roses 15
Eugénie rose 92

Fegato «Ranieri» 29
Fettucine al salmone 67
Fettucine alla Wodka 83
Figues en crème 74
Filets au vin blanc
et aux oranges 79
Filets de porc «Trois Gros» . 109
Filets de sole sur épinards . . 75
Fleischkääs-Schnittli 69
Fleischkiechli «Basler Art» . . 65
Fleischkuchen alla Dalbe . . . 63
Foie de canard
sur épinards 103
Fraises en neige 38
Framboises en neige 62
Funghi porcini alla griglia . . 77

Gänseleber auf Linsensalat . 107
Gnocchi di Ricotta 115
Gratin «Dinge-Dinge» 111
Gratin de la saison 60
Gratin d'endives 95
Gratin grand-mère 21
Gschnätzlets «Karl Wild»,
Basler 59

Hackfleischkuchen
«Elsässer Art» 7
Haselnussflaischkääs 27
Hasenfilets à la -minu(te) . . . 9
Hienerbrischtli, Basler 19
Himbeer-Cake «Milenkaja» . . 64

Iles flottantes 108
Insalata Caprese 71
Insalata di spaghetti 61
Involtini di legumi 93
Involtini romani 113

Kääswaije 23/24
Kalbshaxen im Weisswein . . 80
Kalbskoteletten «Peter I.» . . . 47
Kohl «Helmuth», gefüllter . . 17
Kohlrabi «Pompadour» 35
Kürbissuppe, Basler 73

Lääberwürscht alla Greti . . . 73
Lammfilets «San Pietro» . . . 91
Lümmeli à la Holzach 107

Mählsuppe, Basler 23
Melonensuppe 59
Monte Bianco alla Romana . . 26
Mousse d'abricots 68
Mousse d'oranges 16
Mousse de Branchli 46
Mousse de fraises 48
Mousse de kaki 78
Mousse de poissons 71

Nouilles Alfredo 97

Omelette d'été 55
Œufs de Pâques 55
Œufs de Paris 53
Œufs de saumon 19
Œufs italiens 109
Œufs «Roswitha» 7

Paillard de veau con limone . 67
Pane ripieno 51
Pasta di legumi 43
Pastetli, Spinat- 84
Pastete à la bâloise 97
Patati piemontesi 77
Pere cotte 79/117
Pere di Gorgonzola 42
Pêches en sirop 54

Piselli all'arrancia 39
Poires roses 96
Pommes «Blanche Neige» . . 112
Pommes-Burgers «Elsa» 95
Pommes au coing 106
Pommes d'Eve 14
Pomodori favolosi 27
Potage Cinderella 111
Pot-au-feu alla Romana 37
Poulet-Brüstli «Billi-Billi» . . . 87
Prime roses 52
Prunes au vin rouge 90
Prunes d'orange 11

Rhabarber Schnittli 28
Ricotta al Forno 114
Ricotta Dolce 116
Ripieno di Ricotta 115
Ris de veau «boulanger» . . . 15
Ris de veau au citron 9
Risotto con asparagi 45
Risotto giallo 115
Risotto «quattro colori» 41
Risotto rose 93
Rognons au Calvados 84
Rosekiechli alla Dalbe 76
Rosekiechli en créme brûlée . 82
Rosenkohl-Soufflé 99
Rotondi «Elsbeth» 29
Roulades romaines 89

Salade Mimosa 87
Salade de la mer 57
Salade de la mer «Grethi» . . . 49
Salade de Paris 91
Salade de pommes
«Haeberlin» 70
Salade folle 11/81
Salade mimosa 101

Scampi à l'orange 99	Surprise d'automne 83
Schungge-Pudding alla Dalbe 51	Suuri Härdöpfel 39
Schweinszimmerli «Barbarossa» 13	Suurs Lümmeli 25
Semi-Freddo «Chris» 9	Syde-Gmiesli, Basler 37
Shepherd's Pie 101	Tarte de Paris 36
Sole à la bâloise 105	Tarte aux poires 18
Sole, Roulades de 55	Tarte aux poireaux 21
Sole au citron 89	Tartelettes bâloises 34
Soufflé aux épinards 79	Timbales de poisson 43
Soufflé Christoph H. 102	Tira-mi-su 32
Soufflé de mandarines 8	Vacherin comme tarte 86
Soufflé froid à la vanille 30	
Soufflé «Jamaica» 110	Zappa dei fighi 94
Soufflé rose 11	Zibelewaije 24
Soufflé vert 31	Zucchini ripieni 61
Spaghettata all'Italiana 49	Zuppa delle fragole 50
Spinaci al Gorgonzola 80	Zuppa di fragole 40
Storzeneeri à la bâloise 13	Zuppa di zucchini 69
Suppenhuhn à la bâloise . . . 41	Zuppa inglese 100
	Zwätschgemues, Basler . . . 104